태을주
도공으로
개벽된
나의
생명

_______________________ 님께 드립니다.

태을주 道功으로 개벽된 나의 생명

발행일 단기 4346(2013)년 12월 22일 초판 1쇄
발행인 안경전
발행처 상생출판
주 소 대전시 중구 선화동 289-1
전 화 070-8644-3161
팩 스 042-254-9308
홈페이지 www.sangsaengbooks.co.kr
출판등록 2005년 3월 11일(175호)

ISBN 978-89-94295-72-5 03200

태을주 도공으로 개벽된 나의 생명

상생출판

천지天地, 하늘과 땅은 만유 생명의 근본이다. 인간에 대한 모든 문제는 천지를 벗어나서는 풀 수 없다. 인간의 몸과 영혼도 천지로부터 나왔고, 하루하루 삶도 천지를 벗어나서는 가능하지 않기 때문이다.

하지만 인간의 자만심은 천지의 지배자인 양 어리석게도 스스로를 천지에서 제외시키는 문명을 발전시켜 왔다. 현대 문명의 제반 문제와 현대인을 고통과 절망에 빠뜨리는 여러 질병은, 인간이 자연과 분리된 삶을 살았기 때문에 일어난 것이다.

농경문화를 바탕으로 하는 동양 사회에서는 하늘·땅·인간을 삼재三才라 하고, 삼재는 삼신의 자기현현自己顯現(self-manifestation), 즉 삼신이 현실계에 자신을 스스로 드러낸 것이라 한다. 동양의 삼신사상으로 볼 때, 천지인은 결코 피조물이 아니다. 하늘도 신이요, 땅도 신이요, 인간도 신으로서, 천지인은 모두 살아있는 삼신이다. 때문에 천지인 속에 삼신의 생명과 신성과 지혜와 광명이 그대로 다 들어 있다. 이러한 천지인을 상수학적으로 표현한 것이 천일天一·지일地一·태일太一이다. 인간을 '인일人一'이라 하지 않고 '태일'이라 한 것은 인간이 하늘땅의 뜻과 이상을 실현하는 존재로 하늘땅보다 더 크고 이 우주에서 가장 위대하기 때문이다.(안경전, 『환단고기』역주본 해제, 397쪽)

　물론 인간이라면 누구나 또 어디서나 태일의 인간으로 사는 것은 아니다. 때때로 허물과 죄를 짓기도 하는 것이 일상적인 인간의 삶이다. 그러나 인간은 참회와 수행과 깨달음을 통해 광명의 존재로 거듭 태어날 수 있다. 인류의 시원 문화와 한민족의 역사를 고스란히 담고 있는 『환단고기』에도 이처럼 수행과 깨달음을 통해 삼신께서 내려 주신 본래의 신성과 광명을 되찾은 이야기가 나온다.

　환국 말기에 홍익인간弘益人間의 큰 뜻을 품은 거발환환웅은 동방 땅을 개척하여 배달국을 세운다. 이때 웅족과 호족을 교화하면서 그들로 하여금 100일을 서원하고 수행하도록 한다. 도중에 수행을 포기한 호족은 교화되지 못하고, 웅족이 환웅천황의 수행에 대한 가르침을 잘 따라서 광명의 족속으로 거듭나 마침내 함께 배달국을 열게 되었다. 이렇듯 우리나라는 수행을 통해 광명의 인간으로 거듭나 나라를 세운 전통이 있을 정도로 수행문화의 뿌리가 깊다.

증산도의 태을주太乙呪 수행과 도공道功 수행은 이런 우리 민족 고유의 수행문화 전통 속에서 완성된 인류 수행문화의 열매이자, 완전한 인간인 태일이 되게 하는 수행 문화의 총 결론이다.

증산도의 도공은, 우주 생명의 근원인 천지일월의 조화성령, 우주의 지기至氣를 올바로 받아 내리는 수행법이라는 점에서 그 근본적인 특징이 있다.

마음을 텅 비우고 몸을 대자연의 기운에 맡기면 조화성령을 접하고, 조화성령이 내 몸에 들어와 병든 몸과 영혼을 치유한다. 증산도의 도공 수행법은 인간 자신의 본래 신성을 되찾아 광명의 인간 태일이 되게 하는 수행법이다.

이제 다시 근본으로 돌아가야 한다. 천지에서 분리된 고독하고 외로운 인간이 아니라, 천지와 하나 되어 천지의 정기를 호흡하고 조화성령을 받는 인간으로 다시 태어나야 한다. 그래야만 곧 닥칠 가을 개벽기의 대환란을 극복하고 우주 가을철에 성숙하는 참인간으로 거듭날 수 있다.

목차

신명체험 사례

인사 해결 사례

광명
체험
사례

도장 바닥에서 솟아오른 강렬한 빛

논산취암 도장 방덕조 / 여 / 49

저는 논산취암 도장에서 신앙하고 있는 방덕조 신도입니다.

저는 육체노동이 심한 직장에서 매일 3,000독 이상 태을주를 읽고 있으며, 시간이 날 때마다 운장주를 병행해서 읽고 있습니다.

지난 7월 18일 공주도장 도공 때입니다. 도공 수행을 한참 하고 있는데 도장 바닥에 파이프가 쫙 깔리면서 어느 순간 그 파이프가 하늘 방향으로 하나하나 세워지면서, 그 속에서 아주 강렬한 빛이 솟구쳐 올라 마치 분수대를 연상시켰습니다.

그리고 종도사님께서 분명히 자리에 앉아 계시는데도 도장 구석구석을 다니시면서 신도들에게 기운을 내려주시는 강렬한 체험을 하였습니다.

또 군령을 마치기전 전 신도가 태을주를 합송할 때는 밤하늘에 달이 뜨고 구름이 흘러가는 것을 체험하였습니다.

앞으로 더욱 더 천하사에 힘써 보은하는 신앙을 하겠습니다.

천지에 가득한 빨간 태양 광명

서울잠실 도장 이경숙 / 여 / 49

저는 2011년 10월 1일부터 7도수 씨 앗뿌리기 홍보 활동을 본격적으로 시작하였습니다. 홍보 활동과 더불어 360일 정성수행 공부에 동참하면서 배례·수행·도공을 생활화, 체질화시키기 위해 노력했습니다.

잠실도장에서는 매주 금요일 철야수행을 새벽 3시까지 하는데, 저는 이때부터 지금까지 한 번도 빠지지 않고 참여하고 있습니다. 배례와 주문 수행, 도공을 성도님들과 같이 하면 매번 강력한 기운을 받습니다. 저는 직장을 다니고 애들도 키우고 남편 뒷바라지도 하고 굉장히 바쁜 생활을 하는데 금요 철야수행을 하면 이런 일들이 힘들지 않고, 또 주말과 일요일 홍보, 포교 활동을 하는데 자신감이 붙고 힘이 생깁니다.

금요 철야수행을 꾸준히 하면서 크고 작은 여러 체험을 하게 되었습니다. 예전에는 몸이 아프면 으레 약이나 병원에 의지해 왔는데 도공을 하면 나도 모르게 전부 치유가 되어 병원

갈 일이 없게 되었습니다. 일을 많이 해서 어깨가 항상 뭉쳤는데 도공을 하면 그게 다 풀려서 시원하였고 굽은 자세와 척추가 저절로 맞추어졌습니다. 또 늘 편두통에 시달려왔는데 몇 번의 강력한 도공으로 이제는 두통도 없어지고 몸과 마음이 새털같이 가벼워짐을 느낍니다.

지난 대천제를 앞두고 잠실도장에서는 입도하실 분이 여러 명 교육을 받았는데 수행 시 여자 분들만 입도하는 게 보였습니다. 남성 한 분은 도전을 놓고 나가는 게 보였고 다른 남성분은 도장 밖에 계시더라구요. 실제로 입도는 여성분들만 하였습니다. 도장에 도생 분들이 오면 수렴이 될 것인지 안 될 것인지, 집이나 도장에 무슨 일이 일어날지를, 수행 중 또는 꿈으로 자주 보는데 일일이 열거하기가 힘들 정도로 요즘은 일상적인 일이 되어버렸습니다.

대천제 때는 입도나 인도를 할 분이 없어 쓸쓸하고 죄송스러운 마음으로 참여하였습니다. 도공하는 시간에 처음에는 의자에 앉아서 자세가 불안하여 집중이 덜 되었습니다. 조금 시간이 지나서 종도사님께서 '마지막 3분, 적극적으로 도공을 하라' 고 하시면서 기운을 내려주셨는데 그 순간 갑자기 몸이 360도 회전되는 느낌으로 돌면서 빨간 태양 광명이 온 천지에 가득차면서 제 몸을 휘감았습니다. 순간 옆에 있는 의자와 다른 성도님과 부딪힐까봐 살짝 걱정이 되었는데 종도사님께서 "이제 그만" 하고 시간이 끝났습니다.

　큰 기운을 내려주심에 감사드리며 앞으로 도체 완수를 위해 모든 것을 다 바치겠습니다. 보은!

머릿속에 쏟아 내린 굵은 빛줄기

서울광화문 도장 최민규 /남 /21

평소 도공 수행 시에는 집중을 잘 못한 탓에, '이번 대천제 때는 꼭 제대로 집중해서 해보자!' 라는 생각으로 주송을 하는 데 주력했습니다. 도공에 대해서 익숙하지 않아서, 매번 할 때마다 새롭게 방법을 배우고 그대로 적용하면서 자세도 좋아진 것을 느꼈습니다.

그날은 종도사님께서 도공 시 자세에 대해서 더 자세히 알려주신 덕분에 바른 자세로 임할 수 있었던 것 같습니다. 평소에는 의지로 했던 도공이었지만, 그날은 몸이 움직이는 대로 몸을 맡겼습니다. 평소와 달리 머리도 흔들게 되었고, 빛이 보였을 때 얼핏 든 생각은 '머리를 흔들어서 등불의 빛이 흔들리는 것처럼 보이나보다!' 라는 것이었습니다.

하지만 그렇게 생각하는 순간, 빛의 파장 같은 것이 더욱 선명하게 보였고 3가지 색 내지 5가지 색상을 빛을 통해서 볼 수 있었습니다. 더 나아가 빛의 굵기가 더 굵어져 '벼락인가?

하는 생각이 들 정도로 굵은 빛줄기가 머릿속에 마구 쏟아 내렸습니다. 뇌를 통과하는 느낌과 함께 찌릿찌릿한 느낌을 받기도 했습니다. 이어서 홍산문화 유물 중 하나인 C자형 옥룡이 눈앞에 보였고, 빛이 순간적으로 옥룡을 뚫고 지나가는 모습을 볼 수 있었습니다.

더 집중해서 마지막으로 3분만 더 하자고 하신 종도사님의 말씀이 끝나자마자, 인도를 위해 제가 정성을 드리고 있는 3분이 가부좌를 틀고 주문 수행을 하는 모습이 보였습니다. 가능성이 더 크다고 생각해 온 두 분의 모습이 더 선명했고, 나머지 한 분은 흐릿해보였습니다. 그 순간 '더 열심히 해서 꼭 살리겠노라.' 라는 마음을 먹자 약간 더 선명해지는 것을 볼 수 있었습니다.

금빛이 펼쳐지며 보인 백두산 천지

서울영등포 도장 장복화 / 여 / 57

대천제 전날인 7월 6일 밤에 자면서 꿈을 꾸었는데 이상한 할아버지가 오셨습니다. 처음에는 무슨 지팡이를 주셨는데 지팡이 꼭지가 용머리 같았습니다. 그것을 쥐자마자 몸이 가벼워져 별 나라로 올라가면서 소리를 질렀습니다. 너무 아름답고 황홀한 별빛무리였습니다. 제가 소리를 치니까 동생이 저를 깨웠는데 새벽 3시였습니다.

신비로운 마음으로 7월7일 대천제날 눈을 살며시 감고 태을주를 읽기 시작하였는데 눈앞이 금빛으로 펼쳐지면서 산봉우리들이 보이고, 아름다운 나무와 산새들의 소리가 들렸습니다. 항상 도공을 시작하면 저의 몸은 백두산 천지에 가 있습니다. 이날도 태을궁에서는 수박과 과일들을 올리고 떡을 올렸지만, 하늘에서는 이름을 모르는 많은 과일들이 보였고 많은 사람들이 흰옷을 입고 흰 모자를 쓰고 아주 조심스럽게 움직였습니다.

　한참 도공을 하다 보니 생각지도 않게 아버지와 할아버지가 나타나셨습니다. 제가 '아버지' 하고 불렀더니 아버지는 한없이 우시면서 '왜 이제 왔냐?' 고 하는 것이었습니다. 몇 년을 가슴 속에 묻어두었던 가정사를 말씀하셨습니다. 아주 긴장하고 조급해하는 심정이었는데, 한없이 울다보니 도공이 끝났습니다.

　저는 매번 도공을 시작하면 눈앞이 금빛으로 변하고 산속에 들어가 도공을 합니다. 도공을 하면서 이상한 것을 보았습니다. 세상이 병들었는데, 하늘에서 검은 새가 떨어지고, 땅에서 나무들이 뿌리 채 끊어져 나가는 것을 보았습니다. 하늘은 온통 검었습니다.

　창백한 얼굴을 한 여자들과 남자들이 보였습니다.

정수리로 쏟아져 내린 빛

구미원평 이권환 / 남 / 34

대천제 며칠 전부터 많은 기대를 하고 있었습니다. 대천제 아침 일찍 일어나 목욕재개하고, 태을궁에 도착하여 단상 제일 앞에 앉았습니다. 기대를 가지고 도공에 들어갔습니다. 시종일관 따스한 바람이 몸을 감싸듯이 지나감을 느꼈고 도공 시작 전부터 이미 법신의 모습을 한 종도사님께서 마치 하얀 광명의 빛 덩어리로 보였습니다. 기운이 너무 강해서인지 지금까지 단 한 번도 느끼지 못한 구역질이 나고 구토를 하고 싶다는 생각이 머리를 떠나지 않았고, 겨우 참았습니다. 주위가 환해지면서 마치 죄 지은 것이 탄로 날 것 같은 느낌이 강하게 들어 왔습니다. 머리에는 빛이 정수리로 쏟아졌는데 분수처럼 몸 옆으로 흐르고 기분이 상쾌했습니다.

태을주와 도공을 계속 했으면 하는 간절함이 생겼고 제 안에 숨겨진 어둠이 밖으로 나오는 것을 느꼈습니다. 태을궁은

계속 환해졌고 몸은 새털처럼 가벼웠습니다. 도공이 끝나고
돌아 올 때는 너무 마음이 편하고 행복함을 느끼면서 왔습니
다.

태을주 소리와 우주가 하나 되는 기운을 느끼다

안동태화 최미숙 / 여 / 52

구미원평 도장에서 신앙하다가 여러 가지 어려운 상황이 생기면서 건강도 안 좋아지고 하여, 도시 환경이 쾌적한 안동에서 직장 생활을 하게 되었습니다. 처음에는 몸도 많이 아프고, 종일 서 있는 일이고 에어컨 바람 속에서 일하려다 보니 냉방병 증상도 오고 몸이 안 좋아졌습니다.

이대로는 안 되겠다 싶어 오전에 출근하기 전 도장에서 태을주 수행을 자주 하고, 못 나가는 날은 가정에서 태을주 수행을 거의 거르지 않고 열심히 했습니다. 그러자 몸도 점점 회복이 되었고 건강도 좋아지면서 직장에도 안정을 찾게 되었습니다.

대천제 때는 종도사님의 성음에 따라 태을주를 따라 읽기 시작했습니다. 예전에 도공을 본부에서 할 때에는, 종도사님이 기운을 내려주시는 정성에 비해 신도들이 도공 받으려는 정성이 많이 못 미치고 산만하고 분열되어 있어 항상 안타까운 심정이었습니다. 그런데 이번에는 종도사님을 중심으로 따뜻하고 연노란 기운의 빛이 퍼져서 태을궁 내의 모든 성도를 감싸고 성도들도 그 기운과 하나가 되었습니다. 그리고 종도사님의 태을주 성음과 성도들의 태을주 소리가 하나 되어 온 우주가 하나 되는 기운을 느꼈습니다. 온화하면서도 맑고 시원한 기운이 크게 내려왔습니다.

이번 도공체험은 종도사님의 뜻을 받들어 신도들이 이제 종도사님의 명을 온전히 집행할 수 있는 준비되는 시간대임을 보여주는 체험이라 생각합니다.

비록 역량과 자질은 부족하지만 태을주 100만 독 읽기를 생활화하고 도공을 생활화 체질하여 나부터 갱생하고 사람을 많이 살리는 상생 도꾼으로 다시 태어나고자 합니다. 보은!

산에서 쏟아진 거대한 폭포수

마산회원 도장 김미화 / 여 / 49

저는 매일 도장에 나와 정성수행을 드리고 일터인 미용실로 출근을 합니다. 대천제 날 마산에서 출발하면서부터 왼쪽 어깨와 좌골신경통증이 시작되었습니다. 어깨는 뒷목에서부터 딴딴하게 뭉쳐지기 시작하는데 몸이고 마음이고 답답했습니다.

태을궁에서 종도사님 도훈을 받들면서 두 차례 태을주 수행을 했었는데 1차 때부터 오른쪽의 무릎 뼈가 칼로 자르는 통증이 오기 시작 했어요. 그 고통이 너무 심해서 왼손으로 문지르면서 도훈을 받들었습니다. 2차로 태을주를 읽을 때 어깨 통증도 무릎도 깨끗하게 없어졌습니다.

도공을 시작 할 때도 마음을 단단히 먹고 도공에 집중하려는 마음이 강해지는 것을 느꼈어요! '꼭 해내야지' 하는 마음이 저 밑에서 끌어 올라오는 듯 깊어졌습니다. 한편으론 욕심일까 하는 생각도 있었고, 그냥 자연스러운 나를 느끼지 않고 도공에 들어가길 원했어요. 그래서 종도사님의 태을주 성음에 집중했습니다. 그대로 따라 갔습니다. 종도사님의 성음을 들으면서 한편으론 조그맣게 울리는 북소리에 집중했습니다. 열심히 몸을 S자로 흔들었습니다. 처음에는 태을주를 읽는 것이 너무 힘이 들었어요. 얼마 후 저의 목소리가 너무도 맑고, 길었쪘요. 길다고 표현 하고 싶어요! 그 소리가 울려 동굴 속에서 소리를 내는 듯 했어요. 소리를 느끼면서 태을궁 성도님들이 왼쪽부터 보였어요. 모두 양손을 올려서 손바닥이 위로 보이게끔 하고 태을주를 읽고 있었어요. 그 모습 속에서 아주 큰 모형이 나타나는데 우리나라 지도 형태 위에 클 태 太 자가 쓰여 있는 모형을 성도님들 손밖으로 옮기며 전해지듯 했습니다.

도공을 열정적으로 한 후 조금 호흡을 가다듬었다가 조금씩 팔을 흔들며 주문을 읽었는데 온몸에 기운이 꽉 차서 몸이 뜨거워지고 손도 뜨거워졌습니다. 제가 신장이 안 좋아서 손으로 하단전을 많이 타공打功하고 있었어요. 양팔은 등 뒤로 날갯죽지가 부딪히듯 움직임이 아주 강했어요. 도공하는 내내 종도사님의 태을주 성음에 집중했습니다.

끝날 때 쯤 종도사님께서 조금 천천히 태을주를 읽으셨는데, 태을주 소리에 맞추어 동작을 가라앉히는데 아주 큰 산이 보였어요. 산에서 황토물이 쏟아졌고 조금 있으니까 아주 거

대한 폭포수가 철철 흘러내리는 모습을 보고 '아~ 약탕수로 쓰여 지는구나' 하는 생각이 들었습니다. 마지막엔 사극에 나오는 장군들의 갑옷은 아니지만, 그런 분 같다고 생각 했는데 한분이 그 모습을 보시고 계셨어요!

도공사례 발표를 하는 순간도 도공이 이어지는 기분이었습니다. '나 자신은 없고 제가 본대로 그대로 발표해야 하는데'까지가 도공이었습니다. 집에 도착해서 남편에게 등을 치면서 태을주를 7독 정도를 했는데 갑자기 허파가 한쪽 보였는데 위쪽이 색깔이 좀 안 좋구나 하는 생각이 들었습니다. 무릎을 마사지 하면서 태을주를 읽는데 남편이 가만히 있더라고요. 예전 같았으면 태을주를 읽으면 화를 냈습니다. 대천제 이후 아침으로 태을주를 읽으면 허리부터 등뼈가 쭉쭉 늘어나는 것을 느낍니다. 고무줄 늘어나듯 늘어지는 상태에서 도공을 하면서 뼈를 맞추는 것 같았습니다. 자신감이 더욱더 강해지는 나를 느낍니다.

머리로 내린 환한 빛

부산중앙 도장 신현수 / 남 / 40

처음 도공 시작하는데 환한 빛이 내려오고 있었습니다. 그렇게 대략 7~8분 정도를 목만 살살 흔들며 도공을 하였습니다. 그러다가 백회 쪽으로 기운이 내려오기 시작했는데 그때부터 북소리가 들리지 않기 시작했습니다. 그러다 피리소리, 가야금소리, 징소리 등 사물놀이 소리가 귀에서 크고 웅장하게 들렸습니다. 제 팔이 저절로 움직이기 시작했고 몸이 격렬하게 반응을 하기 시작했습니다. 손과 발이 들썩들썩 움직였는데 의자에 앉아서 그렇게 춤을 췄습니다. 마치 농부들이 풍물을 보면서 춤을 추는 것 같이 10분정도 춤을 췄습니다. 그러다 손이 공중을 크게 원을 그리다가 아주 세게 몸을 내려 쳤습니다.

평소 일을 하면서 목과 어깨가 안 좋아 침을 맞으러 다녔습니다. 그런데 도공을 하는데 제 팔이 마치 쇠망치로 내려치는 것처럼 강하게 제 목과 어깨를 때리기 시작했습니다. 그리고 손이 위와 장을 격렬하게 쓸어내리기 시작했습니다. 평소 위와 장이 안 좋았는데 손이 저절로 그렇게 움직였습니다. 그렇게 계속 쓸어내리는데 잠시 후 몸속에서 뜨거운 기운이 생겨나기 시작했고 그 뜨거운 기운 위에서 장을 거쳐 발끝으로 나갔습니다. 그렇게 한참 도공을 하다가 종도사님께서 '그만~' 하시니까 20~30초 지나 저절로 팔이 멈추었습니다. 도공이 끝나자 몸이 개운하고 시원했습니다. 전혀 피곤하지도 않았습니다.

지난 달 도기道紀 143년 6월 16일 전주 순방군령 시, 도공 수련을 한 이후로는 도공을 하면 제 주위를 서너 분이 둘러싸고 있는 느낌이 듭니다. 제가 도공을 하면 저를 둘러싸고 흥을 돋우어 주시는 것 같습니다. 조상님은 아닌 것 같은 느낌이 듭니다. 느낌으로는 도공신장님들 같았습니다. 처음엔 불확실했는데 전주순방 군령 도공 수행 이후론 계속 그런 체험을 하니까 조상님이 아닌 도공신장님이란 확신이 들었습니다. 요즘은 평소 걸어 다니거나 일을 하면서도 도공이 내려옵니다. 평소 생활 속에서도 도공할 때와 같이 환한 빛줄기가 머리로, 인당으로 들어오는 기운을 느낍니다. 빛이 환하게 보일 땐, 빛이 원을 그리거나, 펼쳐져 있거나 하는 등 환한 게 계속 비치고 있습니다.

쏟아져 내리는 원 기둥의 빛

부산중앙 도장 김보람 / 여 / 24

처음 도공을 시작하면서 절로 손이 머리로 향했습니다. 그러면서 머리 주위에 떠다니는 듯 한 기운이 모이더니 갑자기 머리 정수리 백회부분에 두꺼운 원기둥의 밝은 색의 기운이 위에서 자꾸 쏟아져 내렸고 하단전까지 기운이 뻗어 내려왔습니다. 제 몸은 큰 원기둥에 둘러싸인 것처럼 허리가 펴지는데 무의식적으로 제가 숙이려고 해도 숙여지지 않았습니다.

그리고 잠시 후 왼쪽 눈이 너무 따가웠습니다. 마치 여러 개의 바늘 같은 걸로 쑤시는 느낌이었는데 도공을 하면서 손이 눈 가까이에도 갔다가 멀리도 하면서 무엇인가 자꾸 빼내고 있었습니다. 왼쪽 눈에 눈물이 고이면서 한참을 반복했습니다. 마지막에는 눈을 마사지하는 것처럼 손가락 끝으로 눈 주위를 두드렸고 제 몸 앞에 물이 있었습니다. 저는 그 물에 세수를 하고 싶었고 제 얼굴을 씻어내었습니다. 세수를 하면서 눈뿐 아니라 온 몸이 시원하고 개운한 느낌이 들었습니다.

　종도사님께서 "마지막 3분 더!" 했을 때 갑자기 온 몸이 전기에 감전된 느낌이었습니다. 제가 지금 손을 빠르게 움직여도 그렇게 되지는 않을 것입니다. 손을 앞뒤로 흔들다가 갑자기 누가 손을 위로 쫙! 잡아 당겼고 또 제 팔을 뒤로 쫙 잡아당겼습니다. 팔을 뒤로 당길 때 제가 속으로 손 꺾어진다고 더 이상은 안 된다고 외쳤는데 그러자 손을 당기는 팔이 앞쪽으로 이동했습니다. 정말 이건 전기에 감전된 몸 같았습니다. 그리고 갑자기 엉덩이도 들썩거리고 다리랑 저의 몸통이 모두 동시에 흔들리며 다 털어내는 기분이 들었습니다.

입과 코에 물처럼 들어 온 파란 원

마산회원 도장 김명호 / 남 / 35

처음 도공 시작할 때는 두 팔을 가볍게 흔들었습니다. 웃음이 계속 나서 계속 웃었고, 종도사님 태을주 소리에 맞춰서 계속 흔들었습니다.

얼마 지나자 앞에서 뭔가 휙 하고 지나가는 것을 봤습니다. 제가 술을 먹으면 간이 안 좋고 육체적으로 일을 하는 직업이 돼서 피곤함이 늘 쌓여 있습니다. 그래서 가슴을 막 계속 두드렸고, 얼마 전에 쇠에 무릎이 부딪혀서 너무 아팠었는데 지금은 조금도 아프지 않고 가슴에 뭔가 시원한 느낌이 너무 좋았습니다. 눈물을 흘리면서 파란색 원이 보이더니 물처럼(폭포) 계속 위에서 제 입으로 코로 들어오는 것이 보였습니다. 그래서 더욱 더 주문을 크게 읽고 몸을 막 흔들면서 얼굴과 머리 쪽으로 마구 천지기운을 받으려고 팔을 흔들었습니다.

그 다음날 제가 밥을 맛있게 먹었습니다. 입안과 혀가 다 헐어 있었던 것이 나았기 때문입니다.

태을궁 전체에 가득 찬 황금빛

정읍연지 도장 김영임 / 여 / 48

저는 이번에 태을주 조화성신 기운을 강하게 느꼈습니다. 태을궁 1층 복도에 앉아서 종도사님 음성에 맞추어 태을주 도공을 시작하였습니다. 5분이 지났을까?, 몸이 심하게 흔들리고 주체할 수 없는 기운에, 몸을 쓰러뜨릴 듯한 강한 도공기운에 의식이 몽롱해지면서 눈앞이 환한 황금빛으로 태을궁 전체에 가득 차게 비추었습니다. 그리고 머리 윗부분이 시원해지면서 허리를 타고 시원한 기운이 등으로 내려와 허리 골반 부분까지 내려왔습니다. 다리에 쥐가 가끔 났던 것이 시원한 기운과 뜨거운 기운이 번갈아 온몸을 휘감았습니다.

너무 강한 도공 체험을 해서 어떻게 말로 표현을 할지 모르겠습니다. 몸과 마음이 새털처럼 가벼웠으면서 아주 밝고 맑은 기운이 며칠 동안 느껴졌습니다. 책이나 사물을 봐도 머리에 쏙쏙 들어오고 몸에 기혈이 잘 순환이 되고 태을주를 읽으면 평소와 다르게 기운이 내려오는 것을 느끼고 있습니다.

빛으로 아픈 곳을 만져주셨습니다

정읍연지 도장 이정란 / 여 / 52

저는 입문한 후로 가정적인 문제와 경제적인 문제 그리고 건강문제로 도장에 나가지 못하고 증산도 정읍연지 도장에서 신앙을 열심히 하고 있는 언니로부터 가끔 도담을 나누는 정도의 신앙을 하고 있었습니다. 지난 6월 20일경에 하늘에서 빛이 보이면서 오른쪽 엄지손가락과 팔목에 글자 횟수가 많은 한문 글씨가 빛으로 새겨지는 꿈을 꾸었습니다.

다음날 오른쪽 엄지손가락과 팔목이 아파서 병원에 갔는데 3주 동안 기브스를 해야 낫는다고 해서 기브스를 하고 3주후에 풀어보니까 전혀 차도가 없었습니다.

언니에게 꿈 이야기를 했더니 이번 대천제에 도공 전수가 있으니 참석해서 도공수행을 해보라고 권유해서 여러 성도님의 도움으로 대천제에 참석하였고, 태을궁의 제일 좋은 자리에서 도공을 하게 되었습니다.

처음에 도공을 시작했는데 마테오리치 신부님이 보이고, 이쁜 꽃들이 길게 쭉 피어 있는데 태모님이 보였습니다. 그러더니 다음에는 돌아가신 가족들이 보이기 시작했습니다. 고조부님, 조부님, 조모님, 아버지, 오빠, 언니가 오셨습니다. 누구인지는 잘 모르겠으나, 오른쪽 엄지손가락과 팔목에서 빛으로 하얀색과 노란색의 침 같이 생긴 것을 빼 주셨습니다. 다음에는 백합꽃이 화분에 많이 피어 있는데 옅은 노란색과, 옅은 빨간색의 빛을 저에게 비추어 주셨습니다. 도공이 끝나고 나서 보니까 오른쪽 엄지손가락과 팔목이 아프지 않고 부드러워졌습니다.

집에 돌아와서 청수를 모시고 태을주를 읽고 하니까 계속 좋아지고 있습니다. 이번을 계기로 저도 입도해서 힘이 들어도 증산도의 일꾼이 되겠습니다.

입도도 못한 저에게 이런 은혜를 내려주신 상제님, 태모님, 태상종도사님, 종도사님과 조상선령님께 감사드립니다. 보은

사라진 위 통증

제주이도 도장 방영희 / 여 / 54

저는 이번 대천제에 직장일과 가정일 등으로 오기가 쉽지 않았는데 참석하게 되어 무척 다행이었습니다. 제주도에서 비행기를 타고 청주공항에서 성도님들과 함께 버스를 타고 태을궁에 도착하였습니다. 다행히도 저희들의 좌석이 태을궁 앞쪽에 있었습니다. 대천제를 봉행하고 여러 행사들 뒤에 드디어 종도사님의 도훈 말씀과 더불어 태을주 도공 수행이 시작되었습니다.

도공을 처음 시작할 때는 조금 어지러웠습니다. 조금 시간이 지나니 제 머리 앞으로 빛 같은 것이 막 지나가는 것이었습니다. 그리고 제가 구름 사이로 막 날아다니기 시작을 하였습니다. 또한 빛이 사람 모양으로 보였는데 마치 돌아가신 제 할머니의 흰 머리카락이 제 앞으로 막 지나가는 것 같았습니다.

저는 본래 위에 염증도 있고 소화도 잘 안되고 많이 좋지 않았습니다. 도공을 하면서 제 손이 위에 닿으니 딱딱한 것들이 만져지면서 몹시도 아팠습니다. 이렇게 하늘과 구름 속을 날면서 도공에 빠져 있었는데 아쉽게도 비행기 시간이 다되어서 도공을 끝까지 마치지 못하고 태을궁을 나오게 되었습니다.

그렇게 도공을 하고 시간이 한 참 흐른 후에 보니 위 통증이 싹 사라졌습니다. 그리고 제주도에 내려온 지금도 몸도 많이 가벼워지고 위 통증도 사라져서 지금은 정상적인 생활을 잘 하고 있습니다. 태을주 도공의 큰 은혜를 내려주신 상제님과 태모님 태상종도사님과 종도사님의 크신 은혜에 깊은 감사를 올립니다. 앞으로 더욱 보은하는 신앙을 하겠습니다.

보은!

큰 호스에서 쏟아 진 찬란한 빛

의정부 도장 이은정 / 여 / 46

평상시 도장에서 수행과 도공을 꾸준하게 하는 이은정 신도입니다. 평소에도 체험을 많이 하지만 이번 대천제 때 특별한 체험을 했습니다.

처음 종도사님의 태을주 성음소리가 조금 느리게 하실 때는 별로 느낌이 없었습니다. 그런데 10분 정도 시간이 지난 후 종도사님의 태을주 성음이 빨라졌을 때 천상에서 세 사람이 큰 호스 관을 잡고 물 뿌리듯이 마구 이리저리 흔들어 쏘아 뿌렸는데 그 관 안에서는 찬란한 빛이 쏟아져 나왔습니다. 마지막 3분 더 도공을 할 때, 하얀 도복을 입은 신도들이 옆구리에 책을 끼고 한 사람 한 사람 씩 큰 기와집으로 각자 들어가는 것을 체험했습니다.

종도사님이 도공 전에 해주신 도훈말씀을 받들고, 더 나은 도공법을 알게 되었습니다. 생각을 끊고 몸을 움직이고 태을 주를 읽으면서 도공을 해보니 전과는 달리 처음부터 몰입이 잘되었고, 중간쯤에는 연보라색 빛이 보이기 시작했습니다.

동그라미 같이 퍼졌다가 제 얼굴 중간쯤으로 다가왔고 그 뒤에 조금 더 집중 했더니 손가락 다섯 개 끝에서 불이 나듯이 뜨거워졌습니다. 손을 계속 모았더니 큰 열이 더 생기는 듯 하였습니다. 그 다음으로는 몸이 시원해졌고, 전의 도공보다는 끝이 깔끔하게 끝났습니다.

태을주 도공 주문을 5분 정도 하였을 때였습니다. 온몸이 태을궁 의자에서 붕 떠 있는 느낌이 들었습니다. 계속해서 태을주 도공 주문을 읽고 있었습니다. 등뼈가 곧게 서는 느낌을 받았습니다. 태을궁 천장에서 금빛 기둥 같은 것이 하염없이 내려오는 것을 느꼈습니다. 계속하여 태을주 주문 도공 수행을 하였는데 종도사님께서 바로 제 앞, 가까이서 도공 주문을 힘차게 읽어주시고 계시는 것을 느꼈습니다.

신명체험사례

아버지의 병환을 호전시킨 조상님의 보살핌

논산취암 도장 이정자 / 여 / 41

저는 곧 다가오는 2013년 7월 28일 입도를 앞두고 있는 이정자 예비신도입니다.

지난 3월부터 도장 치성에 참석하고 있는데, 6월쯤 입도를 하겠다고 결심하고 준비를 하고 있는 와중에 친정아버지가 심장병으로 입원을 하시게 되었습니다. 상태가 안 좋아 가족들은 노심초사 하고 있었습니다. 하루하루 어려운 상황이었지만 도장 치성에 가서 기도를 하였습니다.

6월 말에 치성을 참석하였는데, 포감님께서 처음으로 도공에 대해 말씀을 해주셨습니다. 자연스럽게 팔을 흔들면서 다른 분들이 하는 것을 보면서 태을주 도공을 한번 해보라는 것이었습니다.

저는 아버지의 병환이 낫기를 기도하면서 간절한 마음으로 도공을 시작했습니다. 도공이 끝날 무렵 누군가가 '좋아질 것이다, 좋게 해주겠다.' 하시는 것이었습니다. 저는 잘못 들었나 싶어 눈을 뜨고 보았지만 아무도 없었습니다.

다음날 병원에 갔더니 아버지의 상태가 조금씩 좋아지기 시작했습니다. 아마도 조상님들께서 보살펴 주신 덕분이 아닌가 합니다.

그리고 7월 18일 공주군령 때 도공을 하는데 몸이 그렇게 뜨거울 수가 없는 것입니다. 제가 많이 흔들면서 도공을 하지 않았는데도 제 몸이 마치 불덩이처럼 뜨겁게 느껴졌습니다.

앞으로 더욱 더 열심히 신앙을 하여 보은하는 신앙인이 되겠습니다.

도공 후 꿈에 나타난 조상님

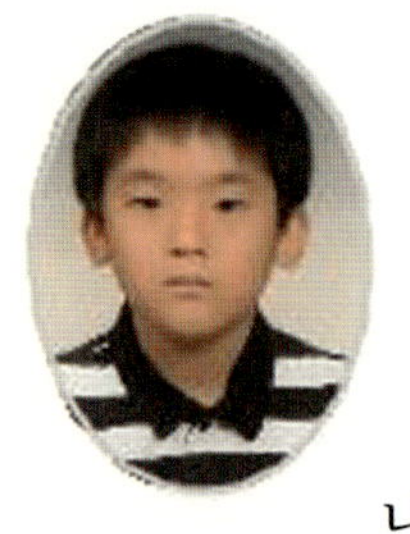

인천송림 도장 황재원 / 남 / 11

저는 대천제 때 입도한 인천송림도장 황재원 어린이 신도입니다. 저의 가정은 여동생, 엄마, 외할머니가 함께 신앙을 합니다. 대천제에서 도공 수행할 때는 큰 느낌이 없었습니다.

하지만 집에 와서 그날 밤 꿈을 꾸었습니다. 꿈에서는 저와 여동생, 엄마, 외할머니, 외할아버지, 또 처음 보는 두 분의 할아버지께서 함께 태을주를 읽고 있었습니다. 처음 보는 두 분은 외할아버지와 얼굴이 닮았다는 것을 알았습니다. 아마 할아버지 조상님인 것 같습니다. 앞으로 엄마 말씀 잘 들으며 신앙을 열심히 해서 훌륭한 신도가 되도록 하겠습니다.

영혼이 떠올라 아픈 부위를 보고 치유하다

서울동대문 도장 포감 박미화 / 여 / 44

대천제때는 어머니를 인도했는데 일찍 서울로 올라가야 해서 도공을 하지 못했습니다. 대천제 이후 7월 19일 군령 당시, 도공의 큰 은혜를 받았습니다.

그날 도공에 들어가기 전에 종도사님께서 올리시는 기도에 가슴이 뭉클해졌고, 세상 사람들도 은혜를 받을 수 있게 해달라며, 저도 모르게 마음속으로 기도를 드리고 있었습니다.

도공을 시작하자 바로 시원하게 몸이 확 뚫리는 기운이 제 몸과 도장전체에 꽉 들어찼고 느낌은 마치 물속에 있는 것 같았습니다. 두 손바닥으로 뒷목을 두드리며 머리 위까지 타공을 했고 제 영혼이 떠올라서 제 뒷모습을 보았습니다. 목과 머리 위로 연두색 실 같은 줄들이 굵은 줄 몇 가닥과 나머지 수많은 가는 줄로 이어져 있었습니다. 목과 머리가 이어지는 부분에는 연두색 줄 사이로 까만 작은 점들이 많이 박혀 있었습니다.

　이마가 시작되는 부분까지 손바닥으로 머리 전체를 스캔하는 것처럼 두드리며 올라갔고, 다시 내려올 때는 손가락 끝으로 머리를 한 점 한 점 찍듯이 두드리는데 아프면서도 시원했습니다.

　손끝의 강도가 점점 세지는 것 같더니 까맣게 박혀있던 점들이 있던 부분을 계속 두드렸습니다. 그런데 그 부분이 너무 아파서 화가 치밀어 오르면서 눈물이 날 것 같았습니다. 쇠로 만든 도깨비 방망이로 계속 맞는 느낌이었습니다. 싸울 상대를 만난 전사처럼 손가락 끝은 강력한 기운이 뭉쳐져서 있는 힘을 다해 기운을 쏟아 붓고 있다는 생각이 들었습니다.

　아픔이 가실 때까지 계속 해야 한다는 생각이 들었고 비명과 욕이 나올 것 같아 입을 꽉 닫고 속으로 태을주를 읽으며 한참을 하니 조금씩 시원해지며 아픔이 가셨습니다. 손바닥으로 머리 전체를 두드리며 몇 바퀴 돌더니 아래로 내려오며 도공을 마쳤습니다.

　그날 집에 돌아와 잠을 자는데 꿈에서 도공을 했던 도장의 장면이 펼쳐졌습니다. 종도사님께서 직접 도장에 오셔서 무언가를 계속 말씀을 내려주시는데 전혀 들리지가 않았습니다. 들어보려고 계속 노력을 하는데 오른쪽 귀 속이 갑자기 너무 간지럽고 기분이 이상해져서 새끼손가락을 넣어 긁었습니다. 손가락을 빼는데 손가락 끝에 콩알만 한 크기의 까만 재가 딸려 나왔고 그제야 종도사님의 성음이 들렸습니다. "고칠 데가 아직 많어." 하시는 말씀을 들으며 잠이 깼습니다.

도공할 때 내려 온 아름다운 선녀들

서울관악 도장 김순옥 / 여 / 62

도장과 집에서 태을주 수행과 도공을 하면서, 한번은 기와집이 많이 보이고 궁궐 같은 모습이 보였습니다. 후천 세상의 어느 곳이 보이는 건가 생각했었는데, 다음 날이 공휴일이어서 남편과 경복궁에 가게 되어 둘러보니 전 날 수행하면서 본 장면 그대로인걸 보고 놀랐습니다.

이후 도장 아침수행 시 아랫배(하단전)가 더워지면서 몸도 뜨거워지고 기운이 등 뒤를 타고 올라가서 머리를 돌아 앞 쪽으로 아랫배까지 내려오는 것을 느꼈는데, 그 날은 하루 종일 그 현상이 계속되었습니다. 또한 태모님 성탄치성 후 집에서 수행하는데 무심결에 왼쪽 손에 많은 침이 꽂혀있는 게 어렴풋이 보였는데 평소 일을 할 때 왼쪽 팔과 손이 저리고 아픈 증세가 있어서 낫게 하려고 그런가보다 생각했고, 그 이후 왼쪽 팔에 벌레가 스멀스멀 기어 다니는 느낌을 받으면서 왼쪽 팔이 덜 저리고 많이 회복되었습니다. 6월9일 서울은평 도장

종도사님 순방도훈 시 도공할 때는 머리 위 백회 쪽을 묵직한 기운이 세계 누르는 것을 느꼈고 그 이후로 도공할 때도 그 현상이 계속되었습니다. 한 번은 집에서 도공할 때 하늘에서 아름다운 선녀들이 치맛자락을 휘날리면서 열을 지어서 내려오는 것을 희미하게 보기도 하였습니다.

지난 대천제에 참석하여 도공할 때는 그동안 머리 위를 묵직하게 눌러왔던 기운이 시원하게 내려오는 것을 느꼈습니다. 이후 그동안의 피로가 누적되어 한동안 몸이 아팠다가 최근 회복이 되면서 수행, 도공할 때 머리 위를 묵직하게 누르는 느낌은 사라지고 등 뒤와 앞쪽으로 기운이 계속 순환되면서 시원한 느낌을 받고 몸이 편해졌습니다.

이제 안심된다

대구두류 도장 이무열 / 남 / 53

저는 대천제 때 입도한 신도입니다. 현재 재정 상태가 안 좋아서 어렵게 입도하였습니다. 이 날 입도자석에 앉아 있는데 눈물이 한 없이 흘러 내렸습니다. 조상님이 제 곁에서 함께 계시는 느낌이었습니다.

그 날, 처음으로 도공을 접했지만 아주 자연스럽게 되었습니다. '이제는 안심된다' 는 조상님의 말씀을 들었습니다.

대천제를 다녀온 그 날 꿈에 태상종도사님을 만났습니다. 태상종도사님을 따라 천상에 있는 증산도 태을궁에 가서 상생 다리도 구경했으며, 비행기도 한 대 선물 받았습니다. 아직은 미완성된 비행기라 성능은 별로였지만 열심히 타고 일하면 나중에 좋은 비행기를 주겠다고 하셨습니다. 그러려면 무엇보다도 목숨 걸고 하라고 하셨습니다. 태상종도사님은 제가 생각한 것 보다 더 인자한 분이셨습니다.

현재 시간 날 때마다 도장에서 300배례를 하고 있습니다.

전직 대통령도 차례로 만나서 이야기하는 꿈도 꾸었습니다. 흰 옷 입고 수행하시는 조상님 모습도 보았습니다.

오늘 이후로 더욱더 큰 일꾼으로 거듭날 수 있도록 최선을 다하여 신앙하겠습니다.

늘 자손과 함께 하시는 조상님!

창원명서 도장 홍경숙 / 여 / 63세

항상 조석 봉청수와 태을주 주문 읽는 것을 생활화하다 보니 상제님 진리 속에서 조상님에 대한 은혜에 대해 항상 느끼고 감사하는 마음을 갖습니다. 입도식과 천도식 때에도 항상 같이 해 주시는 모습을 보며 진리에 대한 확신과 육임 천명을 이루고자 하는 마음이 솟아올랐습니다.

이번 대천제를 맞이하여 항상 기도와 수행 속에서 참여를 하게 되었습니다. 이윽고 태을주 수행과 도공이 시작되면서 종도사님의 주문에 맞추어 집중수행을 시작하였습니다.

태을주 수행을 집중하고 있는데 하얀 도복을 입으신 조상님들이 앞자리, 옆자리에 앉으시어 태을주 수행을 함께 하는 모습이 보였습니다. 온몸이 뜨겁게 달아오르는 느낌이었습니다. 최근 어깨에 통증이 있어 병원에 가서 진단을 받아보니 오른쪽 어깨가 근육 석회염이 있어 통증이 생긴다는 진단을 받았습니다. 약 먹고 치료하고 다니는 데도 호전이 되지 않고 항상 고통이 따랐습니다. 헌데 수행과 도공을 하는 과정에서 아픈 부위가 침으로 찌르듯이 아프더니 ‘뚝’ 소리가 귀에 들릴 정도로 귀에 크게 들렸습니다.

천지의 조화성령과 조상성신이 함께 하신다는 확신이 들어 더더욱 흥이 나서 아픈 부위를 툭툭 치면서 집중하여 수행을 하였습니다. 짧은 시간이었지만 그동안 어깨 통증으로 아픈 몸이 날아갈 듯 가볍게 되면서 어깨 통증도 사라져 버렸습니다.

팔이 자유자재로 잘되지 않고 고통이 심해 오른 손으로 왼쪽 귀를 잡을 수가 없었는데 수행 후 이젠 잡을 수도 있게 되었습니다. 너무 신기하고 기분이 좋았습니다. 항상 태을주와 기도 속에서 정성을 들이며 보은하는 일꾼이 되기 위해 더욱 더 열심히 진리를 전하는 일꾼이 되겠습니다. 보은!

일본이 가라앉는 모습이 보였습니다

부산동래 도장 김주리 / 여 / 26

저는 역사를 알기 전, 일본과 우리나라에 대해 깊이 연구를 하고 싶어 했고 역사를 배우면 배울수록 일본과 중국에 분노하기 보다는 안타까운 마음이 들었고, 부모를 잃고 자신들의 기억을 잃은 반항아들처럼 보였습니다. 이러한 것들이 영향을 미쳤는지 모르겠지만, 정신없이 도공을 하다가 영상이 보이기 시작하였습니다.

한 일본인이 군인이 되기 전, 한국인 스승을 만나 자신의 뿌리에 대해 알게 된 것 같았습니다. 그 때 당시에 군인이 받았던 충격과 떨림이 도공을 하는데 똑같이 느껴졌습니다. 처음 영상은 한국인 중년 남성의 손을 잡고 가는 일본인 남자 아이의 뒷모습이 보였습니다. 그러나 그 일본인이 커서 군인의 옷을 입자, 한국인 중년 남성은 손을 놓고 저 멀리 빠른 걸음으로 멀어져갔습니다. 그 순간 눈물이 울컥 터져 나왔습니다.

영상은 다르게 스쳐지나가, 일본인 남성의 옆을 바라보니 바다가 일본을 급격히 덮치고 있었습니다. 일본이 가라앉는 것을 뜻하는 것 같았습니다. 그러나 그 일본인은 너무나도 침착하였습니다. 도공을 하면 할수록 더 선명해지더니 일본어로 중얼거리는 것이 해석이 되었습니다. "내가 소멸이 되는 것은 나도 안다. 그러나 나는 나의 스승님을 다시 만나고 싶다." 그 말과 함께 태극기가 나타나더니 멀어지고, 모든 것이 멀어지더니 일장기와 총과 칼만이 보였습니다. 그리고 그 일본인이 군함을 타도 항상 한국 쪽을 바라보고 있었던 영상이 자꾸 떠올랐습니다.

도공을 멈추고 국조삼신님께 정말 죄송하다고 할 정도로 민망하여 다시 도공을 해도 또 똑같은 저 내용들이 나타났습니다... 그리고 마지막에는 "일본어를 공부해 달라"는 말을 듣고 허령이 든 것 같아서 적을까 말까 하다가 이렇게 적어봅니다.

정신이 맑아지면서 뭔가 제 마음속에 패기가 생기는 듯 하였습니다. 감사합니다.

항상 알음귀를 주시는 조상님

전주덕진 도장 박덕수 / 남자 / 47

대천제에 가던 날 태전으로 가는 중에 보이는 것이, 태을궁 입구에서 고인이 되신 저의 선친과 장인어른 두 분이 서로 만나서 인사를 하며 우리를 기다리고 있는 것을 보았습니다. 자손들이 도장이나 태을궁에 참석할 때만이 조상님들이 같이 출입을 할 수 있었습니다. 시간이 되어도 자손들이 오지 않으면 안으로 들어가지도 못하고 초조하게 자손을 기다리십니다.

도공이 시작되고 백회가 열리면서 할머니 생각이 많이 나서 눈물이 나왔습니다. 할머니(무속인)가 살아 계실 때 한 달에 초사흘 날 한번 동네 앞의 냇가와 길가에 가서 제물을 올리고 소지도 하고, 노자 돈도 올리고 하는 모습이 계속 떠올랐습니다. 일 년에 한 번씩 집에서 밤을 세며 굿을 하던 모습이 떠올랐습니다. 그래서 많이 울었습니다.

그 다음엔 지속적으로 아파왔던 좌측 골반이 많이 가벼워지고, 무릎에 통증이 왔습니다. 시간이 조금 지나고 무릎 통증이 많이 완화 된 것을 느꼈습니다. 자발 도공이 시작되면서 하늘에서 밝은 라일락꽃 색의 꽃잎들이 온통 하늘을 가득 채우며 눈처럼 내려왔습니다. 꽃잎 하나하나가 모두 성스럽게 느껴졌습니다. 꽃잎들이 떨어지면서 신도들이 꽃잎에 취해서, 가지고 있는 병들이 많이 나아진다는 기운을 느꼈습니다. 종도사님이 더 집중해서 하자고 하실 때 기운이 더 강력하게 내려오며 자발 도공이 더 강력하게 되었습니다. 지금까지의 어느 도공보다도 강력한 도공 기운이 내려왔습니다. 아쉬운 점이 있다면 본격적인 도공 체험이 시작되려는 즈음에 도공이 종료되어서 '좀 더 시간을 두고 했으면 좋았을 텐데', '도공 시간이 부족하구나.' 라고 생각했습니다.

그 전에 도공 시에 체험은, 조상님들이 줄을 타고 내려오셔서 자손들과 만나기도 하시고 도공 기운을 주시기도 하셨고, 다음엔 도공 신장들이 줄을 타고 내려오면서 기운을 주시는 것을 보았습니다.

태상종도사님과 종도사님 도훈 시에는 도훈 시작부터 끝까지 두 분 옥체 주위에서 광채가 보호막처럼 빛나는 것을 자주 보았습니다.

처형을 치유하다!

　대천제가 끝나고 장모님을 모시고 전주로 오는데 장인어른이 같이 오시는 것입니다. 장인어른은 늘 저와 처(한성복 신도)의 주위에 계시며 살아계신 것처럼 저희들에게 알음귀를 열어 주십니다.

　며칠 후에 장모님, 처와 함께 부산 처형(한성희 신도)집에 갔을 때에, 늘 그랬듯이 장인어른이 밤새도록 잠을 재우지 않고 처형을 신유하게 하였습니다. 장인어른은 처형을 일꾼 신앙인으로 만들려고 부단히 힘써 오셨습니다. 상생신도였던 처형을 지금 신앙하게 한 것도 장인어른의 장기적인 목표였습니다.

　처형이 다니는 직장은 수요치성을 참석하지 못하고 힘든 직업이라서 장인어른은 처형이 그 직장을 그만두고 도장일(홍보, 포교)을 적극적으로 하길 바라셨습니다. 처형은 고집을 부리며 직장을 다녔습니다. 처형이 힘든 직장에서 일하는데 온 몸이 아파했습니다. 신유를 하면서 보니 직장에서 온갖 안 좋은 탁기, 살기를 많이 받아 가지고 있는 것입니다. 온 몸이 혈액순환도 안 되고 전에 앓았던 갑상선 기능 항진증 증세가 다시 시작되고, 생각보다 몸의 상태가 심각하다는 것을 알수 있었습니다. 그 직장을 계속 다니면 몸이 다 망가지는 것을 보았습니다.

　밤새 신유하고 있는데 처형은 코를 골며 잠을 잤습니다. 밤새 잠 한숨 못자고 신유하고 아침에 약 십 여초 정도 졸았는데 밤새도록 잔 것처럼 모든 피곤함이 다 풀렸습니다. 몇 시간도 아니고 몇 초를 깜박 졸았는데 모든 피곤함이 풀리다니 정말 신기합니다. 연속 이틀 동안을 밤새 신유를 했습니다. 아침에 처형이 많이 놀라워했습니다. 평상시에는 쉬는 날 아침에 일어나면 녹초가 되어서 하루 종일 잠만 자는데 지금은 몸이 아주 가볍다며 기뻐했습니다.

올바른 길로 잘 왔구나

광주상무 도장 임동근 / 남 / 15

안녕하세요. 저는 광주상무 도장에서 신앙하는 임동근 신도입니다. 아버지께서 입도를 먼저 하시고 제가 올해 3월에 입도 하였습니다.

제가 이번 7.7 대천제 때, 처음에는 태을궁에 못 들어갔다가, 종도사님과 도공을 할 때에는 태을궁 1층에서 하게 되었습니다.

처음 도공이 시작되고 자리에 앉아서 할 때에는 아무런 느낌이 없었습니다. 그런데 도공에 몰입을 하다 보니, 제 몸이 통제가 안 되기 시작했습니다. 그러면서 제가 일어나려고 한 게 아닌데 스스로 일어났습니다. 마치 블랙홀이랄까? 제 머리 위의 구멍으로 제 몸이 빨려 들어가는 느낌이었습니다. 두 손이 위로 쭉 뻗어졌고, 잠시 후 주위가 하얗게 변하면서 제 옆으로 흰 옷을 입으신 할아버지와 할머니가 나타나셨습니다. 왼편에 계신 할머니는 묵묵히 계셨고, 오른 편에 계신 할아버지께서 "첫째야! 둘째야! 애비가 많이 미안하구나!"라는 말씀

을 되풀이 하셨습니다. 말씀을 여러 번 하신 후에 저에게 말씀
하셨습니다. "내 손자가 아주 훌륭하게 자랐구나! 올바른 길
로 잘 왔구나" 하셨습니다. 그리고 잠시 후 사라지셨습니다.
참 신기한 체험이었습니다.

이상과 같이 체험을 하고 광주로 돌아와서 7월 18일 군령
에 참석하였습니다. 군령 도공 시간에 도공을 하였는데, 또 체
험을 하였습니다. 대천제 때 보다 강하지는 않았지만, 눈앞이
뿌옇게 변하면서, 알 수 없는 두 분의 조상님이 보였습니다.
누군지는 잘 모르겠습니다.

그리고 제가 평소에 수행을 할 때, 그러지 않으려고 해도 등
이 굽어졌는데, 군령 도공을 하고 나서 허리와 등이 반듯해졌
습니다.

입도 후 받은 더 강한 기운

나주남내 도장 김미숙 / 여 / 54

저는 6월에 입도한 신입 신도입니다. 도장에서 입도 후 대천제에 참석하였습니다. 처음 태을궁에 참석하여 대천제때 입도를 하게 되었습니다.

태을궁 대천제는 너무 경건하고 엄숙하였으며 변치 않는 일심신앙을 하겠다고 마음속으로 다짐하였습니다. 그리고 기도문을 읽을 때부터 몸을 가눌 수 없는 기운이 내려와 몸이 마구 떨렸습니다.

도공 수행을 하면서 종도사님 태을주 성음을 따라 열심히 도공을 하였습니다. 그 순간 태을천 상원군님 신단에서 태을주와 팔괘가 빙글빙글 돌아가는 것이 보였고 상제님과 태모님의 모습이 보였습니다. 그리고 천상 신장들이 빨간 옷을 입고 내려와 태을궁에 진을 치고 있는 것을 보았습니다.

입도 전에 도공을 할 때와 입도 후에 도공할 때는 기운이 너무 달랐습니다. 도공 기운이 더 강하게 내려오는 것을 느꼈습니다.

　그리고 제가 다리가 아파 한쪽 다리가 절뚝거리며 걷습니
다. 진리를 만나 도장에 나와 꾸준히 수행하고 태을주를 읽으
면서 다리가 많이 좋아져 이제는 거의 다 나았습니다.

인사
해결
사례

태을주로 포교하다

서울은평 도장 정연탁 / 남 / 56

저는 이번 대천제 때 입도시킬 만한 포교 대상자가 없어서 참 고민이 많았습니다.

저는 지인들에게 우주 1년과 상제님이 이 땅에 오신 이유를 항상 틈만 나면 이야기해 줍니다. 귀에 박힐 정도로 반복해서. 제가 아무리 쉽게 이야기해도 다들 잘 알아듣지를 못해 제 주변에는 이제 더 이상 입도할 만한 사람이 없다고 생각했습니다. 이제는 개척을 해야겠다고 생각하고 있었습니다.

태을주 100만 독 읽기에 구역원 모두 동참시키면서, 도체 1군단 1진으로서 포감으로서 기본은 해야 된다는 생각에 고민이 많았습니다.

5월 말에 직장 동료인 조상구 씨와 이야기를 하는데 갑자기 본인의 신명 체험 이야기를 하는 것입니다. 조상구 씨에게도 평소에 우주 1년과 상제님에 대해 수없이 이야기했는데 전혀 반응이 없었습니다. 신도 체험 이야기를 주고받으면서 태을주를 소개하고 도장에 가서 태을주 수행을 해보자고 권했더니 서슴없이 그러겠다고 하였습니다. 좀 놀라웠습니다.

도장에 와서 태을주 수행을 하고서 나름 광명 체험을 하였습니다. 그런 후에 우주 1년과 상제님 이야기를 하니 이제는 다 이해가 된다는 것입니다. 종도사님께서 태을주 포교하라는 말씀이 바로 이게 아닌가 합니다. 포교에 자신이 생겼습니다. 동지까지 3명을 도문에 입도시키겠습니다.

대천제 때 약방의 궤짝이 보였습니다

입도자 조상구 성도님과 같이 앉아 대천제에 참여하고 있는데, 축문을 읽을 때 약방의 궤짝이 갑자기 눈앞에 다가 왔습니다. 문짝을 열어 보니 물이 가득했는데, 문을 더 열려다가 물이 너무 깊어 겁이 나서 그만두었습니다.

뒤에 가만히 생각해보니 만국의원도수가 열리는 날이라 이런 체험을 했나 봅니다. 그 물은 생명의 근원인 태극수가 아닌가 합니다.

도공을 할 때는 양손에 공만 한 기가 뭉쳐서 공을 튕기면서 놀다가 도공이 끝났습니다. 너무도 밝고 즐거운 대천제였습니다.

이번 대천제는 사오미 개명의 광명이 열리는 첫날이고, 태을주로 포교하라는 말씀이 그대로 실현되는 첫날이라는 확신이 들었습니다.

증산도 입도入道 동기와 신도체험

서울동대문 도장 오창원 / 남 / 70

누이인 오정순 성도님이 보내준 도전과 천지성공 책을 남태평양 마이크로네시아에 있는 안방에서 읽게 되었습니다. 도전을 읽으면서 "아! 여기다. 이제야 찾았네!" 너무도 감격스러운 순간이었습니다.

『도전』에서 우리 어머니께서 신앙하시던 종통 연맥을 확인할 수 있었고, 천지성공에서 지금의 철(때)을 알게 되었습니다. 백자기에 청수를 모셔 놓고 하얀 수도복 차림에 단정히 무릎을 꿇고 태을주 주송을 하다 보니 비몽사몽간에 천지 기운 내려 도공이 저절로 되었습니다.

저는 어려운 사업 여건 속에서 알레르기성 천식 등 질병으로 건강이 좋지 못하여 장시간 비행기를 타지 못해 귀국을 못하고 있었습니다. 오정순 성도와 전화 통화에서 "오빠! 약 버리고 항공 예약 해보세요. 그리고 기도 해보세요." "그럼 나는 죽으라고?" 대답은 이렇게 하였지만 그날부터 약을 먹지 않고 항공편 예약을 했습니다. 그리고 '도공' 책을 보고 혼자서 도공을 시작했습니다. 절망적인 제 신변에 상제님의 기적이 일어나기 시작한 순간입니다.

"약봉지 다 버리고 항공 예약 하였나이다. 구원해 주옵소서." 간절한 기도에 응답 받아서 건강을 회복하여 항공 예약한 날짜에 벤투린(천식용 흡입제) 흡입이나 약 복용 없이 인천 공항에 도착하여 상제님 도문에 입도를 하게 되었습니다.

입도 당시에는 저의 은행 대출금 보증 문제로 전세보증금이 신용보증기금에 압류 되어 꼼짝도 못하는 상황이었습니다. 입도하기 위해서 서울에 머무는 동안에 제가 거주 하고 있는 대지가 꼭 필요하다는 매입자가 나타났습니다. 매입자의 조건은 전세 보증금을 계약과 동시에 일시불로 지급 하겠으니 계약 후 1개월 안에 집을 비워달라는 것입니다. 전세보증금 압류 건은 매입자가 해결하겠다는 것입니다. 매입자의 출현으로 신용보증기금의 압류 문제도 해결되었고 전세보증금을 전액 일시불로 수령하게 되었습니다.

태을주太乙呪와 일심一心

도기 142년 음력1월

입도를 하고 주변 정리를 위해 마이크로네시아로 돌아갔습니다. 그 뒤 저는 홀로 지내고 있었습니다. 저의 진리에 대한 갈급증을 풀어줄 사람은 제 옆에 아무도 없었습니다. 자신의 의지를 통제 못하고 신앙생활도 점점 강도가 떨어지고 있었습니다. 저의 믿음 관계가 재건되어야 할 때였습니다. 그래서 태상종도사님의 태을주 성음 녹음 테이프를 항상 틀어 놓고 성음에 맞추어 태을주 수행을 했습니다.

한번은 태상종도사님께서 오시어 "일심이란 내가 불구덩이에 빠져 죽는다 해도 꼭 해내고 말리라 하는 마음가짐이어!"라는 말씀을 내려주셨습니다. 흔들리고 있던 저의 기도를 들어주시어 확실하게 저를 잡아 주셨습니다. "아! 태상종도사님께서 나의 기도를 듣고 계시구나! 이곳 남태평양까지 성령으로 오셨구나!"

저는 지금 매일 태을주 일만 독(10,500독)을 독송 하고 있습니다. 쉽지 않았습니다. 그러나 태상종도사님께서 태을주와 일심이라는 뿌리를 제 영혼 깊숙이 심어 주셨기 때문에 가능한 것으로 생각 하고 있습니다.

또 한 번은 어둠침침한 망망대해 한 복판에서 태상종도사님을 모시고 태을주 수행을 했습니다. 태상종도사님을 중심으로 얇은 널빤지 같은 것이 끝이 안보이게 떠 있었습니다. 횡으로 약 2m의 간격으로 널빤지가 벌려 있는데 양끝이 안 보였습니다. 태상종도사님께서 군대에서 사열을 받으시는 것과 같았습니다. 이 널빤지 위에 수십 열의 수행 인파가 종으로 서 있었습니다. 저 마다 하늘에서 내려온 새끼줄 같은 동아줄을 붙들고 널빤지에 발을 딛고 몸의 중심을 유지하며 태을주를 주송하고 있었는데 그 아름다운 음률이 온 누리에 퍼지고 있었습니다. 쩌렁쩌렁하신 태상종도사님의 태을주 음률에 맞추어 주송을 하고 있었습니다.

그러다 점점 강도를 더해가는 태풍이 불어 왔으며 붙들고 있는 동아줄이 흔들리면서 수행 하고 있던 성도들이 중심을 못 잡고 흔들리며, 중심을 잡고 있는 널빤지가 떴다 가라앉았다 하면서 태을주를 주송하는 수많은 성도들의 음률의 높낮이가 달라지고 웅성거리고 혼란이 시작되고 있었습니다.

여기저기서 살려 달라는 목소리가 들렸습니다. 저도 문득 이렇게 떨어져서 생을 마감하는구나 하는 생각이 들었습니다. 순간적으로 태상종도사님께서 "일심이란 내가 불구덩이에 빠져 죽는다 해도 꼭 해내고 말리라 하는 마음가짐"이라고 말씀 하신 것이 상기 되어 저는 제 운명을 태상종도사님께 맡기리라 다짐하고 마음을 정리하였습니다.

이런 상황에서도 태상종도사님은 태연하시고 구성지시게 큰 성음으로 태을주만 주송하고 계셨습니다. 저는 몸의 중심을 동아줄과 널빤지에서 내 마음 중심으로 옮겼습니다. 그리고 태을주를 주송하기 시작하였습니다. 그러자, 살려 달라는 아우성도, 널빤지가 흔들리는 느낌도 없어졌습니다. 태상종도사님의 태을주 주송 성음도 느낄 수 없는 무아지경의 상태가 되고 있었습니다. 얼마 후 정신이 들어 주변을 살펴봤습니다. 제가 죽어서 저의 영혼이 돌아다니나 생각하고 사방을 둘러 봤습니다.

저는 죽지 않고 태상종도사님이 손수 운전하시는 '소형선박' 갑판 위에 여러 사람과 같이 서 있었습니다. 우리 보트는 산골에서 흘러 내려오는 좁고 꼬불꼬불한 강물 위를 태상종도사님께서 요리 저리 핸들을 돌리시면서 부딪침 없이 상류로 질주하고 계셨습니다.

기도祈禱하면 응답應答해 주십니다.

도기 142년 5월

저의 장남(甲寅生)은 삼성전자에 근무하던 엘리트 석학 연구원이었습니다. 우리 역사에 관심이 많아서 "우리역사 뿌리 찾기" 한강 이남의 대표로도 활동을 했습니다. 불교에 평소 관심이 많아서 삼천 배를 올려 자기의 아상 소멸 방법으로 자주 부처님 도량을 찾는다고 하였습니다. 그런데 저의 장남이 장고 끝에 2012년 5월에 불교에 귀화를 결심하고 속세와 인연을 정리하고 떠나게 되었습니다.

저는 장남으로부터 불교에 귀화하겠다는 연락을 받은 후 약 2주일을 주야로 상제님과 태모님, 태상종도사님과 종도사님께 간절히 기도 하였습니다. 그리고 선령님께 매달렸습니다. 불교 귀화만은 막아 달라는 간절한 절규의 기도만 계속되었습니다. 밤에는 신단 앞에서 절규에 가까운 애원을 했습니다. 집을 떠난다는 당일에는 제가 난생 처음 그렇게 많이 울어 보기는 처음이었던 것 같습니다. 봇물처럼 터져 나오는 눈물을 주체할 수가 없었습니다. 저의 선령들께서도 저 이상으로 상심하고 계셨던 것 같습니다.

그런데 출가 하겠다고 수년을 준비하여 세속과의 인연을 정리하고 불교에 귀화를 목적으로 떠난 장남이 3일 만에 집으로 돌아온 것입니다. 귀가 한지 한 달 만에 모 중견회사 사장의 추천으로 선발 되어 중견 임원으로 일하고 있습니다.

종아리 뼈 통증이 치유되다

마이크로네시아에서 고생을 많이 하다 보니 몸이 성한 곳이 없고 건강도 많이 무너진 상태였습니다. 좌측 어깨 연결 부위가 너무 아파서 팔이 돌아가지 않았었고 양다리 종아리뼈가 심하게 아파서 한 시간 이상 걷지 못했었습니다. 병원에서는 뼈골에 '진'이 빠져서 그렇다고 하였습니다. 매일 태을주 10,500독을 송주하며 대천제 참석을 위해 정성을 들였습니다. 대천제 도공수련 후에는 통증이 다 없어졌습니다.

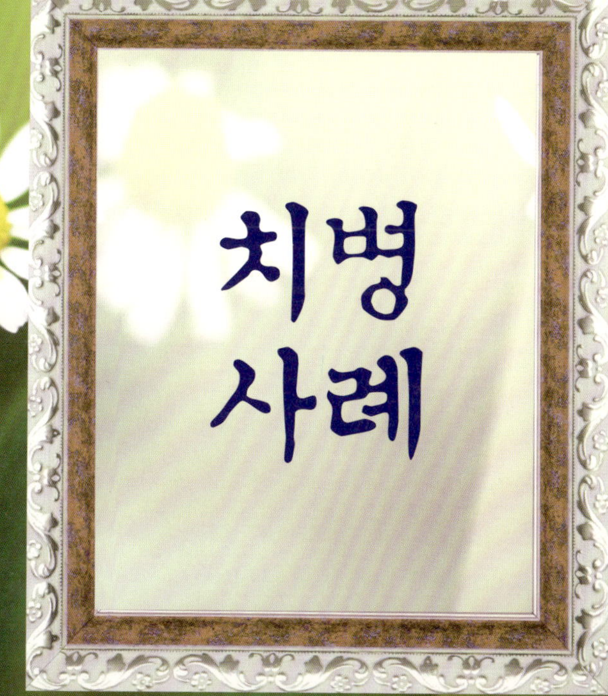

치병
사례

작아진 아랫배의 혹

태전갈마 도장 김용분 / 여 / 48

저는 자궁암 수술을 했었고 다시 재발해서 왼쪽 아랫배에 혹이 생겨 현재 대체의학으로 치료를 하고 있는 중입니다.

대천제 행사 하나하나가 너무 감동스럽고 가슴이 벅찼습니다. 기다리던 도공이 시작하자마자 눈물이 펑펑 흐르고 몸이 아주 가벼우면서 몸에 힘이 생겨나서 몸이 너무 잘 흔들어졌습니다. 왼쪽 아랫배에 혹 부분을 두드리며 살려달라고 애원을 하며 한없이 울었습니다. 도공 시간이 너무 짧게 느껴졌고 기분이 무척 좋았습니다.

도공이 끝나고 그 다음날 치료 받던 한의원에 갔는데 왼쪽 아랫배의 혹이 작아지고 부드러워졌다고 합니다. 그리고 오른쪽 팔이 오십견 때문에 고생을 많이 했는데 다음날 목욕을 하면서 보니 반대편 어깨로 손이 자연스럽게 올라가고 아프지도 않은 것을 알게 되었습니다. 저 자신이 깜짝 놀랐습니다. 태을주의 위대함을 느끼며 태을주에 대한 믿음이 더욱 강해졌습니다.

제물치성 후 사라진 신장 물혹

홍콩 조호현 / 여 / 41

태모님을 처음 알았을 때의 감격이 아직도 생생합니다. 따스한 어머니의 품을 가지신 태모님께 울면서 간단히 제물 치성을 드리며 신장의 물혹을 없애달라고 빌었고, 치성 후 물을 마시는데 쓰고 향냄새가 나는 물로 바뀌었습니다. 믿을 수 없어 가족에게 다 맛을 보게 했는데, 가족들도 모두 쓰다고 했습니다.

3일 동안 물맛이 바뀌고 배가 아파 화장실을 갔고, 며칠 후 피곤함이 사라져서 병원을 가보니, 정기검진 때 1년 이상 관찰되던 물혹이 없어졌다고 의사가 고개를 갸우뚱거렸습니다.

태모님의 은혜로 치병되어 그 사랑 사람들에게 알리는 보은하는 삶을 살겠습니다.

밝아진 눈

몇 년 전 부터 백내장 증세가 있어서 양 쪽 눈이 충혈이 잘 되고 자주 피곤했었습니다. 이번 대천제 때 도공을 하는데 손바닥으로 계속 눈을 두드렸습니다. 처음에는 눈이 너무 아팠는데 조금 지나자 시원해지면서 눈물이 조금 나왔습니다. 도공이 끝난 후에는 눈 주위가 얼얼했지만 금방 가라앉으면서 눈이 너무 밝아지고 잘 보입니다. 감사합니다. 보은!

주먹 반만 한 담을 토하다

강릉옥천 이정은 / 여 / 25

도장에서 수행을 한 후 체험한 것입니다.

저는 열 살 무렵부터 앓고 있는 마음병이 있습니다. 최근 그것 때문에 심리상담을 받으러 병원도 찾았었고, 태을궁 수행도 다녀왔었습니다. 마음병이라는 것은, 제가 오랫동안 안고 살아왔듯이 치료하는 데도 그 만큼 오랜 시간이 걸린다 하더군요.

태상종도사님 수라 시봉을 들 때, 저의 이런 속마음까지 다 보시게 될까봐 부끄러웠고 걱정도 했습니다. 하지만 제가 할 수 있는 한 최고로 편안하게 수라를 드실 수 있도록 최고로 공경하는 마음을 담아 봉사를 하고, 군령을 받들고 돌아왔습니다.

자정 무렵 도장에 왔는데 마침 도장에 아무도 없어서 큰 소리로 수행을 시작했습니다. 석 달 전에 어떤 계기로 인해서 마음병이 도져 폭발했었는데, 그때부터 혼자서 수행을 하다보면 어릴 적 트라우마와 격한 감정들이 나오게 돼서 도인답지 않게 수행에 집중하질 못합니다.

그 날도 한 시간 정도 수행을 하고 갑자기 눈물이 나기 시작했습니다. 응어리 진 것이 풀어지는 과정인지, 감정이 터져 나와 성전에서 울고불고 난리가 났습니다. 바닥에 엎어져 오열하면서 응어리를 다 쏟아내고 싶었습니다. 지치는 줄도 모르고 계속 울다가 휴지가 떨어져서 일어나 나가려던 참이었습니다.

성전 문을 나선 순간 갑자기 구역질이 나서 화장실로 달려가 토를 했는데, 뱃속 깊은 곳에서부터 주먹 반만 한 크기의 멍울진 담이 두 개가 나왔습니다. 방금 전까지 답답하게 가슴을 죄었던 얄궂은 기운이 빠져나온 기분이었습니다.

그날 밤 4년 전 천도식을 해 드린 할머니께서 꿈에 나오셨습니다. 꿈이 잘 기억나지는 않지만 많이 안아주시고, 저를 편안하게 해 주시고, 힘도 주셨습니다. 할머니와 그렇게 오랫동안 함께 있었던 것 같습니다.

내 몸의 아픈 곳을 스캔하는 태을주

태전갈마 도장 구미숙 / 여 / 49

제가 체험한 사례는 지난해 9월 이후 안 좋아진 몸 때문에 꾸준히 수행을 하면서 체험했던 사례들입니다.

186, 110! 이것은 당시 저의 혈압수치입니다. 2012년 9월 2일, 수업을 나가던 도중 차안에서 쇼크가 와서 곧바로 입원해서 안정을 취하라는 의사의 말을 들어야 했습니다. 정신을 차린 나 자신에게 고맙다는 인사와, 상제님 태모님, 태상종도사님, 종도사님과 조상 선령신께 한없는 감사기도를 올리고 집으로 돌아왔습니다. 집으로 조용히 돌아온 이유는 누구의 간섭도 받고 싶지가 않았고, 그냥 쉬고 싶어서였습니다. 결국 다니던 직장은 넉넉잡고 3개월을 휴직하게 되었습니다.

문제는 이후부터였습니다. 이것저것 몸에 좋다는 약들을 먹고 있어서 그런지 조금 좋아진다는 느낌이 왔습니다. 그런데 약 1개월 반 만에 몸무게가 8kg이 줄어들고, 입안에는 침이 말라 말하기가 힘들어지고, 연속해서 말을 하면 말이 어눌해 지고, 머릿속은 갈수록 희미해져 금방 들었던 말도 전혀 기억할 수 없었고, 앉아 있을 힘도 없고 머리를 가눌 힘조차 없어 누워 지낼 수밖에 없었습니다. 휴직이 길어지게 되었습니다.

그런데 이상한 것은 11월 중순이 되면서 그동안 읽고 싶어도 나오지 않던 태을주가 자꾸 읽혀지면서 수행을 하고 싶어지는 것이었습니다. 몸이 하자는 대로 하기로 마음먹고, 생활 속에서 어떤 날은 태을주를, 어떤 날은 갱생주를, 어떤 날은 칠성경을 입안에서 나오는 대로 읽다 보니 나름 운율을 타기 시작했고, 주문이 잘 나왔습니다. 11월 20일부터 본격적으로 수행을 시작했습니다.

저는 매일 같이 오른쪽 등판과 어깨가 아팠고, 오른쪽 귀 뒷부분은 딱따구리가 부리로 쪼는 듯 아팠습니다. 그리고 허리를 다쳐 고생하고 있었고, 12년 전 다리가 부러지고 갈비뼈와 코뼈에 금이 가서 여태까지 고질병처럼 통증이 있었습니다. 뼈가 심하게 아플 때는 진통제를 복용하면서 제발 하루만이라도 개운한 날이 있었으면 하는 바람으로 살고 있었습니다.

수행은 1주일 동안 49배례와 주문 수행을 하기로 했습니다.

첫째 날은 주문을 읽는 순간 졸음이 쏟아지고 세상천지 잡생각이란 잡생각은 총출동을 하여 20분을 넘기기가 무척 힘들었습니다. 칠성경을 읽는 순간 어깨, 팔, 손, 콧등, 다리, 머리등 통증이 심하게 왔습니다. 인당이 간질간질하고 힘이 들어 수행을 오래도록 할 수 없었습니다.

2일차도 배례를 하고 수행을 40분 정도 했습니다. 배례를 시작하는 순간 생각하지도 않았던 잡념들이 머리를 꽉 채웠습니다. 매서운 통증이 시작되었습니다. 피부는 예리한 도구로 오려내는 듯 통증이 왔고, 인당은 터질 것 같이 간질간질했습니다. 주문수행을 시작함과 동시에 졸음이 오고, 잡생각이 얼마간 지속되다가 수행에 집중이 되기 시작하였습니다.

정신이 맑아지고 주문소리가 또록또록해지면서 자세가 바로 잡혔습니다. 그리고 수행을 계속하였는데 바닥에서 무지개빛을 내는 팽이 두 개가 빛을 내면서 돌아가는 것이 매우 아름다운 모습으로 보였습니다. 그 후에는 좀 더 밝고 바른 마음으로 수행이 되었습니다. 주문소리가 제 귀에 낭랑하게 들리며 제 몸을 감쌌습니다.

3일째 날은 오전에 배례 후에 수행을 1시간 했습니다. 배례 시작과 동시에 엄청난 통증이 시작되었습니다. 너무 아파 힘들겠다 싶었는데, 어느 순간 그렇게 심하던 통증의 강도가 약해져서 놀라기도 했습니다. 팔을 올리고 내릴 때마다 느껴지는 살을 에는 듯 한 통증이 몰려왔습니다. '거기에 태을주를 쏟아 부어야지' 생각하고 천천히 태을주를 읽으면서 아픈 부위에서는 멈춰서 더 세게 태을주를 읽었습니다. 오늘은 배례를 하면서도 주문소리가 잘 나왔습니다. 소리와 함께 빠져드는 느낌이었습니다.

주문수행을 하면 전 주문을 읽고 태을주 각송을 했습니다. 부끄러운 말이지만 처음엔 수행 20~40분 사이가 가장 힘들었습니다. 제 나름대로 마의 30분대라 칭합니다. 그 시간이 지나면 주문의 톤이 바뀝니다. 주문에 집중이 잘 되면서 졸음과 잡념이 사라졌습니다. 갈수록 정신이 맑아지고 목소리가 맑아지고 높아지며, 자세가 바르게 되고 엉덩이와 바닥이 붙어버린 바른 자세로 아주 편안했습니다. 한참을 앉아 있어도 되겠다는 생각이 들었습니다. 주문을 계속 읽는데 눈앞에 바다 같이 넓은 곳에 잔잔한 맑은 물이 일렁이는 것이 보였습니다. 그 물속에 발을 담갔는데 몸이 맑아졌고, 계속해서 주문소리에 몸을 맡겼습니다.

4일차도 오전에 배례와 수행을 했습니다. 배례 중 잡념이 사라졌고 일심으로 태을주가 읽어졌습니다. 뻐근한 머리와 목덜미 등판 통증이 많이 없어졌습니다. 잡념이 사라지고 몸이 개운해지고 어제와 같은 넓은 바다에 잔잔 물결이 이는 것이 보였습니다. 이렇게 5, 6, 7일차 모두 잡념과 심한 통증 없이 7일 수행을 마무리 했습니다.

무사히 7일 정성수행이 끝나고 어는 정도 몸이 괜찮다고 생각을 하고 지인 장례식에 참석하고는 돌아와서 죽을 고비를 맞았습니다. 7일 수행이 허사가 되었습니다. 12월은 사경을 헤맨 달이었습니다. 올 해 1월 1일부터 기운 차리고 다시 수행을 시작했습니다.

수행을 시작하고 5일 째 날이었습니다. 종일 칠성경이 입에서 뱅뱅 돌았습니다. 주문 수행 중에 항문이 옴싹옴싹하고 뜨거운 열기가 나면서, '어쩌지? 이러다가 나오는 열기가 조금만 더 세어진다면 우주선처럼 폭발 할 것 같은데...' 라는 생각이 들었습니다.

그러더니 두 발바닥으로 불기둥이 들어왔는데 정말 아톰처럼 손만 뻗치면 하늘을 날 것 같았습니다. 그 불은 두 다리를 타고 온몸을 훑고 지나갔습니다. 발바닥과 늘 시렸던 다리가 따뜻해지면서 이후로 다리 시린 것이 없어졌습니다. 그리고 메말랐던 입안에 침이 고이기 시작했습니다. 얼마나 감사한지 무한한 감사기도를 올렸습니다.

수행7일째 날이었습니다. 수행도중 입안에서 손가락 한마디 정도의 노란색 덩어리가 나왔습니다. '수행을 하니까 암 덩어리가 떨어져 나오나? 싶었습니다. 지금은 뭔지 알지만 냄새도 고약했고, 이틀 간격으로 다섯 번이 나왔습니다.

수행 18일째, 또박또박 주문이 잘 나왔습니다. 각 주문을 읽을 때마다 기운들이 달라졌습니다. 칠성경을 1시간 가까이 읽었을까? 주문에 더 기운을 실어 읽었는데 주위가 불빛 하나 없이 온통 새까맣게 변했습니다. 아스팔트처럼 평평하고 딱딱한 것이 들썩들썩했습니다. 뜰썩일 때마다 쏟아져 나오는 강렬한 붉은 빛, 그 속에는 용암 같은 것이 시뻘겋게 끓고 있었습니다. 수행은 계속 되고 목구멍이 뱃속과 일직선이 되면서 주문소리가 목에서 나는 것이 아니라 아랫배 깊숙이에서 나오는 것을 느꼈습니다. 주문 읽기가 수월해졌고, 입안에 고인 침이 달달했습니다.

2월 초에는 새벽녘 잠자는 내 모습을 옆에서 보면서 다리가 들리는 것을 반복, '설마 허리까지 들릴까?' 생각하는 순간, '들썩', 자고 있는 내 몸뚱아리가 30센티미터 정도 공중부양을 했습니다. '어째 이런 일이...' 이 일이 있은 후론 허리통증이 사라졌습니다.

여러 체험을 하면서 몸이 좋아지는 것을 그때그때 느낄 수 있었습니다. 사실 하도 몸이 아파 하루 30,000원의 병원비를 지불하면서 병원도 다녀보았지만 소용이 없었습니다.

중요한 것은 저녁잠이 들고 빠르면 한 두 시간 뒤가 되면 몸 전체가 지렁이가 기어가듯 스믈스믈, 전기가 흐르듯 찌릿찌릿, 잠을 못 자게 합니다. 가만있는 팔, 다리는 혼자서 들렸다 놓았다 반복하면서 따뜻한 기운이 발바닥을 통해 온몸을 1차로 스캔을 합니다. 그러고 나면 다시 2차로 뜨겁게 스캔을 하는데 2차 때는 뜨거운 기운이 지날 때 마다 아픈 부위를 빠짐없이 찾아내어 욱신거리게 합니다. 잠을 자는 것이 아니라 통증과의 싸움입니다. 이럴 때면 사정없이 태을주가 나옵니다. 깨어있는 것도 아니고 자는 것도 아니고, 짧게는 1시간 30분, 길게는 3시간 정도 계속됩니다. 처음은 고통스러웠지만 날이 갈수록 통증이 심하게 있었던 날은 다음 날이 더 개운해지는 것을 알았습니다. 이것이 도공인지 그것으로 인한 신유가 된 것인지는 정확히 알 수는 없었지만 어쨌든 십년이 넘는 통증의 세월을 밤마다 태을주 스캔을 통해 다음날 건강을 보장 받을 수 있게 되었습니다.(등판과 목덜미엔 조금 남아있지만)

이후로 수행시간은 1시간에서 2~3시간으로 늘어났습니다. 처음시작은 잡념이 조금 생기다가 바로 집중이 됩니다. 현재는 체험은 없지만 꾸준한 수행으로 건강이 좋아지고 생활이 활기차졌음을 알 수 있습니다.

태을주 백만 독 읽기가 시작된 요즘 무작위로 배례와 주문을 읽고 있습니다. 억지로 하기 보다 몸이 원하는 대로 임하고 있습니다. 회수도 중요하겠지만 "꼭 그렇게 되게 해 주십시오"라는 간절한 마음으로 말입니다. 증산도를 만나고 태을주를 알게 한 천지일월 부모님과 조상님께 감사드립니다.

오늘도 저는 오직 살기 위해 태을주를 읽습니다.

동상에서 회복된 손발

인천구월 도장 김향자 / 여 / 53세

얼마 전부터 태을주 도공 집중수행을 했고, 최근 매일 3,000독씩 태을주를 읽었습니다.

저는 어릴 때부터 동상이 있었고 무릎아래와 발이 차가웠으며 여름에도 선풍기 에어컨 바람 때문에 평생 고통스러워했습니다. 도공과 태을주 수행으로 놀라운 일이 벌어졌습니다. 손의 피부 껍질이 벗겨지면서 빨갛던 손이 정상 색으로 돌아오고 손과 발이 시린 증상이 없어졌습니다. 보은!

몸을 감싸는 태을주 조화 기운

보령동대 도장 부포감 박효용 / 男 / 37세

저는 평상시 분진이 많이 날리는 공장에서 생산직 일을 하고 있습니다. 소음도 심하고 방진마스크를 쓰고 일하기 때문에 작업 중에는 태을주를 읽기가 쉽지 않습니다. 핑계이지만 아침저녁 출퇴근길에 읽는 태을주가 전부입니다. 종도사님 도훈을 받들어 많은 성도님들이 태을주 읽기에 집중하고 계시는데, 저만 못 따라 가는 듯 하여 아쉬웠습니다.

평상시 태을주를 열심히 읽지 못했기 때문에 대천제나 7월 18일 순방 군령 시 도공에서 큰 기운을 받고자 함은 욕심일 것이라 생각했습니다. 역시 대천제에는 뚜렷한 기운은 받지 못하였지만, 나름대로 하나의 생각을 했습니다. 오늘 이 태을궁에 수많은 성도님과 함께 종도사님 성음에 맞춰 태을주를 읽는 이 순간에 큰 기운은 못 받더라도 그 자체로 감사의 자리라는 생각입니다.

"

그리고 얼마 후 충남 공주 순방 군령이 잡혔고, 그 날이 하루하루 다가왔습니다. 7월 16일, 도장 책임자이신 수호사님께서 종의회에 참석하셨기 때문에, 제가 전날 야근을 마치고 청수를 모시기 위해 아침에 도장에 왔습니다.

그런데 갑자기 성전 동편 다용도실에 있는 방치된 물건들을 정리하고 싶어 하나씩 건드린 것이 생각보다 일의 양이 많이 늘어났습니다. 못 쓰는 물건을 다 빼내니 어느 정도 정리가 되었습니다. 성전의 묵은 기운을 치운 것 같아 기분이 좋았습니다. 또 순방 군령을 며칠 앞두고 성전 정비를 해서인지 왠지 당일 날 도공 수행 시 좋은 기운을 받을 것 같은 예감이 들었습니다.

드디어 7월18일 저녁에 공주도장에 도착하여 자리에 앉았습니다. "천지와 하나가 되어야 한다", "생각을 끊어야 한다"라는 종도사님의 도훈을 새기며 도공에 임했습니다. 초반에는 여러 가지 생각이 일어나서 집중이 잘 안 되었습니다. 시간이 지나면서 공주도장에 꽉 들어찬 성도님들의 태을주 소리가 하나의 뭉쳐진 소리로 크게 들리기 시작했습니다. 하지만 계속 여러 가지 생각이 일어나 도공하는 데 어려움이 느껴졌습니다. 그래서 동공을 잠시 멈추고 태을주만 따라 읽었습니다.

얼마 후 머리 쪽에서 어떤 기운이 돌더니 저의 온 몸을 5cm

정도 두께의 가볍고 보송보송한 기운이 감쌌습니다. 그리고 양손에는 풍선만한 기운이 뭉쳐졌고 손동작이 엄청 빨라졌습니다. 감당하기 어려운 상황이었고 앉은 자세에서 허벅지까지 들썩들썩했습니다. 수십 초간의 짧은 시간이었지만 황홀 지경이었던 것 같습니다. 그리고 손에 뭉쳐진 기운으로 몸을 쳐야 할 것 같아서 두드리는데, 명치 바로 우측을 두드리더니 계속 두드리게 되었습니다. 점점 강도가 세져서 아팠지만 계속 그곳만을 두드렸습니다. 아팠지만 강도는 더 세게 두드렸습니다. 그 부분에 무언가 염증이 있다는 느낌을 받았습니다. 아픈데도 계속 쳐서 지쳐갔습니다. 그리고 얼마 후 종도사님께서 "마지막 3분" 이라고 하셨을 때 다시금 자발 도공이 되면서 눈을 감았는데, 눈앞이 순간 밝아지는 것을 보았습니다. 대천제때는 못 느꼈던 도공체험을 뚜렷이 한 것 같아 감히 글을 올려봅니다.

돌아오는 길에 달빛이 참 밝았고 북두칠성이 계속 우측 편에 보였습니다. 게으른 신앙의 모습만 보여드리는 제게 큰 기운 내려주시어 다시 한 번 감사드립니다. 아마도 며칠 전 성전을 정리해서 좋은 기운을 내려 주신 것이 아닌가 생각해봅니다.

큰 기운을 내려주신 상제님 태모님 태상종도사님 종도사님께 감사드립니다. 보은!

꾸준한 정성 수행과 도공으로 회복된 체력

홍성대교 도장 최성민 / 남 / 48

저는 항상 건강이 안 좋아 더욱 더 병마를 극복하고 포교도 잘하는 사람이 되고 싶었습니다. 그래서 늘 수행과 배례와 기도를 365일 하고 있습니다.

그런데 이번 사오미 개명도수를 열기 위한 대천제 때, 종도사님께서 강력한 도공을 내려주신다고 해서 몹시 흥분과 기대를 갖고 있었습니다. 드디어 기다리고 기다리던 대천제가 다가 왔고, 흥분과 기대 속에 참여를 하였습니다. 그러나 돌아오는 길에 한숨만 푹푹 내쉬며 돌아왔습니다. 큰 기운을 받는 체험을 하지 못하였기 때문입니다. 저는 정말 너무 너무 크게 도공을 받고 싶었습니다. 아마 저뿐만 아니라 모든 신도들이 다 도공을 크게 받고 싶은 마음은 다 똑같을 것입니다.

도장에 돌아와서 생각을 했습니다. '왜 나는 그렇게 노력을 하는데도 도공을 받지 못할까?' 이런 생각을 하는데 문득 깨닫게 되었습니다.

아! 대천제 때 도공을 못 받은 것이 아니라 이미 나에게 한 달 전부터 도공 기운이 내려와서 내 몸이 서서히 변화가 일어나고 있었구나. 정말로 나중에 늦게서야 이것을 깨달았습니다. 저는 정말 둔하고 멍청하다는 생각을 하게 되었습니다.

그것을 알게 된 제 몸의 변화는 크게 세 가지로 볼 수 있습니다.

첫째는 하루에 적어도 9시간은 자야 체력이 유지가 되는데, 이상하게 잠이 줄어들기 시작했습니다. 적게는 4시간, 많이 피곤하면 7시간 정도 잠을 자도 충분하게 되었습니다. 예전 같으면 꿈도 못 꿀 일이죠!

둘째는 병마로 몸이 힘들다보니 그 동안 꾸준히 새벽에 1시간 30분, 저녁에 1시간 수행을 하고, 배례도 105배하고, 평소 태을주 읽기도 1,500독 정도를 했었습니다. 그런데 이제 수행이 두 배 세 배로 늘어난 것입니다. 태을주도 3000독 이상하고 배례도 300배를 하게 되어 저도 정말 놀랐습니다!

셋째는 비염 수술 후에도 늘 코가 반쯤이상 막히고, 콧물이 나오고, 재채기를 하였고, 또한 머리도 아팠습니다. 이런 일상이 다반사였는데 막힌 코가 뚫리기 시작한 것입니다. 또한 콧물, 재채기와 머리 아픈 증상도 거의 없어졌습니다.

사오미 개명 시간대에 들어서면서 '왜 갑자기 나에게 이런 변화가 일어났을까?' 곰곰이 생각을 해보았습니다. 혹시 천지의 때가 되어서 저같이 못난 인간을 천지의 일꾼, 사람 살리는 일꾼으로 쓰시기 위해 몸을 만들어 주시는 게 아닌가 생각을 해보았습니다.

정말 너무 너무 감사합니다. 앞으로 더욱 더 노력해서 기대를 저버리지 않고 상제님, 태모님, 태상종도사님, 종도사님과 조상 선령신들이 바라는 강력한 천하사 일꾼이 되어 사람을 많이 살리는 일꾼이 되겠습니다.

머리가 개운해지고 허리 통증이 감소되다

예산 도장 조을구 / 여 / 60

제가 하고 있는 일은 요양보호사입니다. 노인 분들을 항상 옆에서 보살펴야 하는 직업이다 보니 힘이 부치고 탁기를 많이 받았습니다. 그리하여 직업병으로 얻은 오십견과 허리통증을 갖고 있었습니다.

도공을 시작하면서 북소리에 맞춰 태을주를 집중하여 주송하였습니다. 그리고 평소 아픈 부위를 생각하면서 도공을 하자 자연히 두 팔에 힘이 들어가면서 탁기를 손에서 내치는 손동작을 5분 정도 강력하게 했습니다. 다음에는 손이 허리에 자동으로 가서 손바닥으로 문지르듯 하는 동작이 되었습니다.

나이가 들면서 심각한 건망증에 약을 먹고 있습니다. 그런데 그 생각을 하자 머리에 손이 자동으로 가고 타공과 머리 자체를 흔드는 동작이 끝날 때 까지 계속 되었습니다. 동작이 너무 과격하게 나오면서 통증이 약간 남아 있긴 하지만, 끝나고 눈을 뜨자 머릿속이 개운해지고 목과 허리 팔의 통증이 감소되었습니다.

도생道生을 도장에 인도하고 수행 공부를 시키고 기도를 하고 있습니다. 태을주를 하루에 천 독 이상을 읽으면 인도 대상자가 도장에 오는 일이 훨씬 쉽게 이루어진다는 것을 체험 하였습니다.

여건은 어렵지만 대천제를 계기로 좋은 일꾼을 많이 포교하는 신앙을 할 것을 다짐하였습니다. 기운을 내려주신 상제님, 태모님, 태상종도사님, 종도사님께 보은하는 신앙을 하겠습니다. 보은!

자발도공으로 아픈 곳을 치유하다

서천 도장 유근순 / 여 / 51

그 동안 나는 근자에 들어서면서 머리가 내 생애에서 가장 아팠고, 잇몸이 다 솟았으며, 목도 아파서 한의원에 가야겠다는 생각을 하면서 지내고 있었습니다. 그래도 그냥 참고 직장을 다녔습니다.

그러다가 이번 대천제에 참석해서 태을주 도공을 집중하여 열심히 했습니다. 그리고 큰 기운을 받아 신기할 정도로 아프던 곳이 없어지고 머리가 맑아졌습니다. 도공을 하는 중에 내 손이 머리로 올라가 주먹으로 머리를 때렸는데, 내 주먹이 아닌 다른 사람이 두드려 주는 느낌이 들면서 자발 도공이 일어났습니다.

항상 도공을 하면 좋은 느낌이었는데, 이번에 많이 아팠을 때 치유의 은혜를 받는 도공 체험을 하고, 확실히 도공의 큰 의미를 알았습니다.

칠성도군으로 많은 사람을 살려야겠다는 마음이 이번 기회로 더욱 깊어졌습니다. 보은!

약을 써도 낫지 않던 땀띠가 사라지다

태전선화 도장 김병근 / 남 / 45

저는 매일 하루 6천 독 이상 태을주를 읽고 있습니다.

한 번은 오랫동안 만나지 못했던 당진에 살고 있는 친구를 찾아가 상제님 진리를 전하고 태전으로 돌아오는 고속버스 안에서 여느 때처럼 태을주를 읽고 있었는데, 갑자기 얼굴이 간지럽기 시작했습니다. 태을주 수행을 하면 늘 나타나는 현상이라서 신경 쓰지 않고 주문 읽는 데에만 집중하였습니다. 주문을 읽은 지 한 시간 정도 되었을 때 갑자기 기운이 점점 강해지면서 마치 송충이가 스물스물 기어가듯 천천히 오른쪽 볼에서부터 위쪽으로 올라가면서 눈을 그대로 통과해 윗 이마까지 움직이더니 다시 이마를 따라 아래로 이동하면서 왼쪽 눈까지 내려오는 것입니다. 이 때 저는 마음속으로 '오른쪽처럼 이번에도 눈을 그대로 통과해서 가겠구나' 라고 생각했습니다. 그런데 이번에는 눈을 통과하지 않고 눈을 피해 옆으로 내려가면서 볼에 다다라 사라지는 것이었습니다. 신비한 체험이었습니다.

염념불망 태을주를 읽으면서 몸에 작은 변화가 일어나기 시작한 것은 이번이 처음은 아닙니다. 어릴 때부터 여름만 되면 팔 안쪽과 종아리에 땀띠가 많이 나서 가려워 긁기가 일수였습니다. 그러다보니 피부가 헐어 늘 피가 났고 고통은 이루 말 할 수 없었습니다. 그런데 어느 순간부터인지 고질적이던 땀띠가 거짓말처럼 사라졌고, 지금은 피부가 정상으로 돌아왔습니다. 아무리 약을 써도 낫지 않았던 땀띠가 갑자기 사라져버렸다는 사실이 믿기지가 않았습니다.

이번 대천제에도 체험을 했습니다. 대천제 봉사를 하기 위해 아침 일찍 현장에 도착해서 준비를 하며 태을주를 읽는 데, 아랫배(하단전)에서 강한 기운이 느껴졌습니다. 탁구공만한 크기의 기운이 좌우로 반복해서 움직였고, 종도사님과 함께 하는 도공이 시작되면서 더욱 빠르고 강하게 움직였습니다. 그 현상은 행사가 끝날 때 까지도 계속 이어졌습니다.

"내가 이 세상의 모든 약 기운을 태을주에 붙여 놓았나니 만병통치 태을주니라."라고 상제님께서는 말씀하셨습니다. 무궁무궁 태을주의 조화기운으로 육체와 영혼을 치유하고 나아가 가을 개벽기에 전 인류를 살리는 열매 맺는 일꾼이 되어 보은할 것을 굳게 다짐합니다.

도공 기도로 좋아진 장인의 병세

논산취암 도장 강규영 / 남 / 46

저는 오는 7월 28일 입도를 앞두고 있는 강규영 예비 신도입니다. 지난 2월에 친구의 인도로 아내 이정자 신도와 함께 도장을 처음 방문하였습니다. 입도를 하려고 했지만 직장 문제, 이사 문제 등으로 입도가 늦어지게 되었습니다. 아내는 무슨 일이 있어도 대천제는 같이 참석하자고 하여 약속을 잡아놓고 있었습니다. 그런데 갑자기 6월에 장인이 병원 입원을 하게 되었습니다. 병환이 하루하루가 달라서 좋아졌다 나빠졌다 반복하였습니다. 한번은 마음의 준비를 하라고까지 하였습니다.

다행히 대천제에는 가족들이 모두 참석하였습니다. 포감님이 대천제가 끝나면 종도사님께서 도공을 내려주실 거라 하시면서 처음이니 자연스럽게 해보라고 했습니다. 처음으로 도공을 한 그날 그 자리에서는 아무런 체험을 하지 못했습니다.

　며칠 후 장인의 상태가 더욱 좋지 않아 아내와 함께 도장에서 태을주 도공을 하면서 기도를 올렸습니다. 도공을 시작하면서 자연스럽게 제 손이 심장 쪽을 두드리기 시작했습니다. 도공이 끝날 때까지 계속해서 두드렸습니다. 며칠 동안 계속 같은 자세로 도공을 했습니다. 그렇게 하는 동안 장인어른의 병세가 차츰 좋아지기 시작해 다음 주면 퇴원이 가능하게 되었습니다.

　앞으로 열심히 신앙을 하겠습니다.

도공으로 치유한 팔목 통증

의정부 도장 함상섭 / 남 / 62

의정부에서 광고2000 자영업을 하고 있는 함상섭 신도입니다. 평소에 간판 제작도 많이 하고 간판을 직접 달아 주기도 합니다. 모든 게 힘쓰는 일들이 많은 직업입니다. 직업적으로 손을 많이 쓰다 보니 손과 손목에 무리가 가기 시작하여 초기에는 아팠다 안 아팠다 하여 그대로 방치를 해 두었습니다. 그러다 차츰 시간이 흐르면서 손이 심할 정도로 아프기 시작 하여 어느 날 왼손 손목 아래가 힘을 쓸 수 없을 정도로 아프기도 하고 양손 팔꿈치 아래가 가려움증도 있었습니다. 정형외과와 침술원에서 꾸준하게 치료를 받아도 호전이 없었습니다.

이번 대천제 때 종도사님의 말씀대로 신나게 팔을 흔들었습니다. 도공 시작과 동시 왼손에 뜨거운 느낌이 들면서 왼손이 얼얼할 정도로 뜨거웠습니다. 그러면서 어느 정도 시간이 흐르니까 산에 올라 바람을 쐬면 시원한 느낌처럼 왼쪽 팔에서 시원하게 뭔가가 빠져나가는 것을 느꼈습니다.

도공이 끝나고 아팠던 왼손과 양쪽 팔목의 가려움증이 거의
없어졌습니다.

도공으로 치료한 냉증

이천중리 길병익 / 남 / 54

저는 경기도 김포시에 거주하는 길병익입니다. 이천중리 도장에서 신앙하는 안명옥 성도님의 인도로 이번 대천제에 참석하였습니다.

증산도 교육문화회관에 도착하여 안명옥 성도님으로부터 대천제용 티셔츠를 받는데 무어라 말할 수 없는 신비한 느낌을 받았습니다. 티셔츠를 입고 태을궁 마당으로 들어서는데, 길놀이 풍물놀이패 속에서, 무신론자인 저는 생전에 풍물놀이 기능을 보유하셨던 아버지가 환한 미소를 짓고 서 계시는 모습에 매우 놀라고 신비로웠으며 믿을 수 없는 광경에 정신이 순간 아찔했습니다. 그리고 아버지께서 교육문화회관 태을궁2층으로 걸어올라 가셨는데 저를 인도하신다는 것을 알게 되었고, 저는 2층 지정좌석에 앉았습니다.

생전 처음으로 대천제에 참여하였는데 행사 일정이 모두 자연스럽게 느껴졌고 마음은 포근하고 편안했습니다. 대천제 마지막 행사로 종도사님께서 태을주 도공을 내려 주셨는데 도공은 처음 하는 것이라 어떻게 하고 어떤 마음으로 하는

지도 잘 몰랐지만 가르쳐 주신대로 열심히 하였으며, 아버지께서 함께 하신다는 믿음이 도공을 진지한 마음으로 더 열심히 하는 계기가 되었습니다.

도공을 시작한지 어느 정도 시간이 지나자 양손이 자동적으로 냉증이 심한 하체를 쓰다듬었으며 뜨거운 불덩이 같은 것이 윗머리로 들어와 온 몸을 차례로 훑고 발바닥 쪽으로 빠져 나갔는데 몸속의 냉한 기운이 사라지는 느낌을 받았습니다. 그 날 집으로 돌아와 잠자리에 들었는데 그 동안 시리던 하체의 냉한 통증이 사라졌으며 오래간만에 편안하게 깊은 잠을 잘 수 있었습니다. 직업이 냉동창고 보수 전문 기사라 온 몸에 냉증 증세가 있었으며 특히 하체가 심하여 오래전부터 잠을 잘 이루지 못하였고, 그 동안 한의원에서 침도 맞고 병원에서 물리치료를 받아 왔는데 아무 소용이 없었습니다.

병원에서도 치료하지 못했던 몸이 치유되는 큰 체험과 돌아가신 아버님의 모습을 생생하게 체험한 저는 증산도에 대한 궁금증과 진리에 대한 갈급증이 생겨 증산도 김포북변 도장을 방문하여 포정님을 뵙고, 현재 태을주 도공 수련과 증산도 진리 공부를 하고 있습니다.

1년 전에 다친 허리를 고치다

고양마두 유명수 / 남 / 49

저는 친척형님이신 유재호 성도님에게 1년 전 쯤 처음 증산도에 대한 이야기를 들었습니다. 진리에 큰 관심은 없었지만 이야기를 듣고 책을 읽으면서 옳다고 생각되는 부분이 많아서 거부감이 없었습니다.

가끔 만나 이야기를 들으면서 아침에 도장에 모실 청수를 뜨러 유재호 성도님과 같이 새벽에 나가기도 하고, 많이 읽지는 못하지만 평소 태을주도 읽어왔습니다. 그 후 『환단고기』, 증산도 『도전』 등의 책을 읽으며 도장에 가끔이나마 나오며 공부를 하고 있습니다.

그러던 중 유재호 성도님이 7월 7일 대천제에 참석하자고 하여 같이 태을궁으로 가게 되었습니다. 저는 평소 몸이 아픈 곳이 많고, 1년 전쯤 일하다가 허리를 다친 후 지금까지 계속 아파 생활에 불편함과 고통이 많았습니다.

도공을 시작하자 신기하게도 저도 모르게 허리 아픈 곳을 계속해서 두드리게 되었습니다. 몸이 저절로 움직이고 정신이 하나도 없이 허리를 무작정 세게 두드렸습니다. 치는 동안 내내 허리가 아팠고 몸에 열이 화악 올라 등에서 땀이 비 오듯 계속해서 쏟아졌습니다. 아픈데도 계속 허리를 때리는 것이 제 정신이 아닌 것 같았습니다. 도공이 끝날 때까지 계속 아픈 허리를 두드렸습니다.

도공이 끝난 후 신기하게도 그렇게 아픈 허리가 아프지 않았고 시원했습니다. 대천제에 참석해서 도공을 한 후, 여전히 약간의 통증은 남아있지만 전에 비한다면 훨씬 많이 개선이 되어 기쁜 마음 그지없습니다.

대천제에 참석하여 큰 도공의 은혜를 받고 체험을 하게 되었습니다. 제 몸에 병이 많다보니 건강에 관심이 많을 수밖에 없어서 증산도를 신앙하며 계속 수행을 하면 아픈 몸이 나을 것 같아 더 열심히 도장에 나오고 있습니다.

또한, 진리에 대해 더 관심이 가게 되어 계속해서 서적을 읽고 있습니다. 평소 겪어보기 힘든 경험을 하게 되어 신기하기도 하고 마음 깊이 감사를 드립니다. 앞으로 더 열심히 공부하고 증산도에 대해 알아봐야겠다는 결심을 하고 참된 증산도 신앙인이 되기 위해 열심히 노력하겠습니다. 감사합니다.

진통제로 버티던 통증이 가라앉다

김포북변 전상우 / 남 / 46

도공이 시작되고 약 10분 정도까지는 예전 교통사고 때문에 생긴 고질적인 통증으로 인해 정신을 집중하지 못하고 불안한 자세로 도공이 제대로 되지 않았습니다. 어느 순간부터 몸 속 깊이 느껴지던 어지러운 증세(평형기관손상)와 난청 그리고 뱃속과 허리 다리의 통증이 더욱 요동치듯 심해지면서 커져만 갔고, 저는 도공을 하며 계속 아픈 부위를 주무르고 쓰다듬고 때리는 등 어떻게든 통증을 떨구어 보려고 안간힘을 썼습니다.

그러면서 도공이 어느 정도 진행이 되어 가다보니 갑자기 태을궁에 울리는 도공 소리와 북소리, 그리고 몸이 한데 어우러져 태을궁 전체가 하나의 리듬으로 움직이는 듯 한 느낌이 들었고, 그러면서 제 양손이 손바닥을 복부로 향해, 배와 주먹 정도 간격을 띄운 상태에서 위아래로 반복하여 마사지하듯 쓰다듬는 자세로 도공을 하게 되었습니다. 이때 손바닥에서

부터 따뜻하고 시원한 기운이 뱃속으로 전해지는 느낌을 받았고, 그러면서 통증도 가라앉기 시작하고 마음도 평안해지며 도공을 하게 되었습니다.

그리 큰 체험은 하지 못하였더라도 제 몸속 깊이 베어 응결된 통증이 풀려지며 드러났다가 도공을 통해 가라앉는 체험을 하며 제 스스로 도공을 통해 제 병을 치유 할 수 있겠구나 하는 자신감을 갖게 되었습니다.

제가 사고를 당한 시점이 1990년 7월로, 그해 몸도 제대로 추스르지도 못한 상태에서 12월에 군에 입대를 하게 되었고 몸은 더욱 망가져 군 생활도 제대로 못하고 제대 후 병원을 들락거려야 했습니다. 병원에서 진료를 해도 병을 잡을 수 없었고, 몸은 말 할 수 없이 괴로웠고 임시처방인 진통제로 버텨야 했으나 통증이 심할 때는 진통제도 제대로 듣지 않아 고통 속에서 며칠을 앓아야만 했었습니다.

이런 저에게 있어 대천제의 도공 체험은 제 스스로 몸속에 깊이 뿌리내린 병을 치유할 수 있다는 희망과 확신을 갖게 해 주었습니다. 상제님과 태모님, 태상종도사님과 종도사님 그리고 조상님께 깊은 감사를 드립니다.

태을주 정성 수행으로 호전된 부정맥

인천주안 도장 김양희 / 여 / 55

지금 만병통치 태을주 100일 수행이 50일을 넘었습니다.

유방암 수술을 받고 얼마 후부터 하루 7시간씩 7일을 수호사님의 권유로 수행을 시작했는데, 유방암도 유방암이지만 다리가 약하고 힘이 없어서 읍배할 때도 휘청거릴 때가 많았습니다.

심장도 예전에 심부전이 있었고 부정맥이 있는 상태로 2년 전 신장이식을 받고 장 수술을 연이어 받으면서 검사 중에 담석이 있다는 걸 알았지만 장 수술 때 제거를 하지 못 했습니다.

처음 하루 7시간씩 수행하면서 3일까지가 제일 힘들었지만 내가 기운을 받고 있다는 생각이 들지 않았습니다. 3일 이후부터 심장에 통증이 가끔씩 느껴졌지만 대수롭지 않게 생각했는데 7일째 되던 날 심장에 통증이 오고 잠시 후에 유방암 수술 부위가 무척 아팠습니다. 잠시 후에는 장 수술 부위가 무척 아팠습니다. 명현 현상이란 것을 알게 되면서 태을주 조화 기운을 받았다는 것이 무척 기뻤습니다.

100일을 채우기 위해 다시 하루 3시간씩 수행하면서 7시간 수행 할 때에 다리에 더 많은 기운을 받았다는 걸 알게 됐고, 수행할 때 유방암 수술부위가 아파오는데 처음 아팠을 때 보다 절반 정도의 통증이었습니다. '혹시 부정맥은?' 하면서 맥박을 눌러 보니까 신경질 적이던 것이 많이 완만하면서 부드러운 느낌이 들었지만, 쉬다 뛰면서 더블로 뛰는 것도 여전 했습니다.

지금은 맥박 뛰는 걸 손가락으로 눌러 보면 더블로 뛰는 건 완전히 없어졌고, 어떤 때는 한번 씩 쉴 때가 있지만 어떤 때는 쉬지 않을 때도 있어서 100일 수행을 마치고 나면 완전히 좋아 질 것이라 믿고 있습니다. 그렇게 태을주 기운을 받는 걸 알게 되니까 기분도 좋고 수행이 지루하지가 않고 오늘은 어떤 반응이 있을까 기대도 됩니다.

도공을 하면서 손으로 두드릴 때 오른쪽 다리 정강이 부위에 살짝 살짝 두드리는데도 무척 아팠습니다. 생각해 보니, 예전부터 가끔씩 통증이 있었던 다리여서, 도공할 때 마다 두드리다 보니 통증이 많이 감소가 돼서 살짝 쥔 주먹으로 두드리면 안 아프지만, 조금 세게 두드리면 역시 무척 아팠습니다.

그러다 이번 7.7대천제 도공 후반부쯤 될 때 갑자기 가슴이 뭉클하면서 몸이 격렬하게 흔들어지면서 정강이 부위에 뭔가 덮이는 느낌이 들었는데 순간 "아! 다리가 났겠구나."

하는 생각이 들었습니다. 지금은 정말 아무렇지도 않게 좋아졌습니다.

그리고 어느 날 속이 무척 쓰렸는데 위 검사 할 때 속이 쓰리지 않느냐는 질문을 받았었는데 평소에는 속이 쓰리지 않았습니다. 그래서 왜 갑자기 속이 쓰릴까 했는데, 며칠 후 다시 속이 쓰린데 처음보다 또 많이 감소가 됐고 다시 며칠 후 아주 미약하게 쓰리더니 이제는 쓰린 것이 없어졌습니다.

도공할 때 담석을 염두에 두고 오른쪽 갈비뼈 밑을 두드렸는데, 2차 21일 수행 중에 오른쪽 갈비뼈 밑이 갑자기 통증이 오면서 푹 꺼지는 느낌을 받았는데 검사 받지는 않았지만 담석이 없어졌다고 믿고 있습니다.

남은 40여일 수행을 마치고 나면 병이 다 나을 거라 믿고 수행을 하고 있습니다.

천도식 비용을 마련해 주신 조상님들

서울은평 도장 황희정 / 여 / 41

저는 보험 텔레마케팅 영업일을 하고 있습니다. 이번 태을주 100만 독 읽기 운동에 참여하면서 많은 경험을 하였습니다. 저에게는 너무도 신기한 일들이었습니다.

저는 매일 105배례를 꾸준히 드리고 있고 태을주도 직장 다니는 평일에는 800~1,000독을, 쉬는 날에는 3,000독도 하고 있습니다. 하루 종일 전화하는 직업이라 평일에는 많이 읽지는 못하지만 틈만 나면 태을주를 읽습니다.

천도식 이야기부터 해보겠습니다. 4월 말에 천도식 날짜를 잡아 놓았었는데 영업이 잘 되지 않아 돈 문제로 걱정이 많았습니다. 영업팀 내부 문제로 다들 영업이 잘 안 되는 때였습니다. 그래도 배례를 꾸준히 하고 태을주를 꾸준히 읽었더니 마지막에 큰 건이 터져서 천도식 비용을 마련하게 되었습니다. 천도식을 미룰까 하는 생각도 많았는데 너무 기적 같은 일이 일어났습니다. 조상님이 당신들의 천도식 비용은 마련한다는 말씀을 교육으로만 알고 있었는데 그 말이 사실이었습니다. 너무도 기뻤습니다.

태을주와 배례로 허리를 고치다

집안일을 하다가 허리를 삐꺽했는데 너무 아파서 잠을 잘 자지도 못했습니다. 경제적 어려움으로 1건이라도 더 실적을 내야했기에 병원에 가지 않고 참으면서 회사를 다녔습니다.

너무 아팠지만 이를 악물고 배례를 빠뜨리지 않고 태을주도 계속 읽었습니다. 그런데 어느 날 자고 일어났더니 누가 제 허리에 손을 대고 바르게 펴 준 것처럼 허리가 반듯해지고 통증이 없어져 버렸습니다. 너무도 신기했습니다. 6월에는 영업팀에서 최고의 성적을 내기도 하였습니다.

대천제 시 태을주 도공으로 어깨를 고치다

대천제는 너무 가슴이 설레었습니다. 개인적인 일로 인도할 분들을 미리 챙기지 못해 이번에 인도하는 데는 실패했지만 태을궁 신단 밑에서 큰 기운 받으라는 수호사님 말씀에 너무 고마웠습니다.

처음에는 평소 '지기금지' 로 도공을 해서인지 태을주 도공이 익숙하지 않아 초반 몇 분은 집중이 안 되다가, 사오 분 지나자 처음엔 손으로 춤을 추듯이 태극을 그리면서 점점 크게 그리기 시작했습니다. 요새 어깨가 너무 아파 통증이 심했는데 오른쪽 어깨를 쌔게 돌리니 가속도가 붙어 선풍기 날개 돌아가듯 심하게 빨리 돌아갔습니다. 왼쪽 어깨도 팔이 떨어져 나가게 심하게 빨리 돌리더니 양어깨를 밖으로 돌리고 안으로 돌리기를 반복해서 속도를 가늠할 수 없을 만큼 빨리 돌렸습니다. 각도가 스스로 돌리기엔 팔이 안 돌아갈 각도까지 완전 돌아가서 양 어깨를 수직으로 안으로 밖으로 돌아가게 되었습니다.

그러더니 다시 손동작으로 춤을 추고 서서히 속도를 줄이면서 태을주 도공이 끝나자 합장하고 단정하게 멈추었습니다. 어깨가 평소 기름칠이 안 된 녹슨 기계처럼 삐걱대고 아팠는데 마치 기름을 칠한 것 마냥 부드러워지고 기분도 좋아졌습니다. 통증은 완전히 사라졌습니다. 느낌은 약 5분 정도 한 것 같은데 도공시간이 24분정도 한 것이라 하여 무척 아쉬웠습니다. 도공시간이 좀 더 길었으면 좋겠습니다.

답답한 오장육부가 시원해짐

서울강남 도장 최종인 / 남 / 54

평소 30년 만성간염으로 고생해오다 간경화에 담관암, 림프절에 전이까지 진행되어 현대의학에서 6개월 시한부판정을 받은 상태였습니다. 종도사님께서 대천제 시 도공 내려주실 때 오랜만에 열심히 집중 도공을 했습니다. 평소 도공수행 시 심고드릴 적에 자주 백회로부터 밝은 기운이 들어와 머리 전체가 약간 뻐근함을 느끼며 등줄기를 타고 내려가는 서늘한 기운을 간간히 느껴오고 있었습니다.

이번 태을궁 도공에서는 하얀 안개와 같은 기운이 온몸을 감싸 흐르는 것과, 가스 불같은 시퍼런 기운이 아픈 부위에 투사되는 장면이 눈을 감은 상태에서 선명히 보였습니다!!! 그러면서 답답했던 가슴이 터지고 시원한 트림이 나왔습니다. 병증으로 답답했던 오장육부가 시원해지는 것을 느꼈습니다.

태을궁 대천제를 마치고 집으로 돌아오는 버스 안에서 우연히 저의 손바닥을 보고는 깜짝 놀랐습니다. 왜냐면 간경화나 간암 등 중환자는 항상 수장홍반이라해서 손바닥 양 볼에 붓기가 있고 빨간색을 띠는 현상이 있습니다. 헌데 손바닥의 붓기가 빠져있고 정상에 가까운 살색을 띠고 있는 것이었습니다. 이후로 몸이 한결 가벼워지고 활력을 많이 찾게 되었습니다. 이번 태을궁 도공을 통해 크게 기운 받음을 느꼈습니다.

저에게 치유의 은혜를 내려주신 상제님, 태모님, 태상종도사님, 종도사님과 조상님께 진심으로 감사를 드립니다.

다시 살아난 시신경

서울강남 도장 김낙곤 / 남 / 68

저는 도기 143년 양력 6월26일 입도를 한 신입 신도입니다. 저는 평소 뭘 시작하면 끝장을 보는 성격입니다. 직장생활을 마치고 자격증을 필요로 하던 시기에 한 해에 여섯 가지 자격증을 따기도 했으며 노력을 많이 하는 스타일입니다.

작년 가을 환단고기 콘서트를 통해 민족의 웅기에 심취한 저는 역사 세미나에 거의 빠짐없이 열심히 출석했고 마치 시험 공부하는 학원생인양 집에서도 완역본을 복습하였습니다. 『환단고기』 완역본 공부를 통해 웅혼한 한민족의 역사와 정신세계를 알게 되었습니다.

『환단고기』에 실린 염표문과 천부경을 외우기 시작했습니다. 출퇴근, 근무 시 수시로 송주하였고 인도자로부터 태을주 소책자를 통해 태을주를 알게 되어 집중해서 송주하였습니다. 조석으로 태을주 수행을 하면서 온 몸으로 느낌이 오면서 기분이 좋고 눈이 개운하며 몸 컨디션이 상승되어 피로감이 해소 되었습니다.

수행 중에 수승화강이 되어 발끝까지 기가 통하여 시원한 느낌을 받기도 하고 또 한 번은 태을주를 읽고 있는데 갑자기 돌아가신 부모님과 조상님이 보였습니다. 할머니부터 차례로 모두 나와 기뻐서 춤을 추는 것이었습니다.

저는 평소에 시력문제로 불편함이 많았는데 수행을 시작한 이후 어느 날 병원안과에 찾아가 검사를 하였습니다. 검사한 결과 시력이 1.0으로 좋아지고 시신경이 살아나는 중이라고 의사가 신기하다며 놀라워하였습니다. 건강이 좋아지고 조상님을 체험하는 계기로 인류문화의 원형인 한민족의 신교문화를 깊이 느끼며 진리서적과 세미나에서 배운 바가 증산도의 진리라는 것을 깨닫고 입도를 하게 되었습니다. 입도 후 1일 4회씩(4시간) 청수 배례와 주문 수행을 하고 있는데, 도공을 전수 받아 수행을 하는데 처음에는 별다른 체험이 없어 실망을 하였습니다. 며칠 후 퇴근하여 도장에 가서 심고를 하며 주문 수행과 배례를 하였으나 몸에는 전신에 묵직함만 더하고 온몸이 땀으로 젖어 도저히 오래 앉아 있지 못하여 집으로 귀가하였습니다.집에서 옷을 가볍게 갈아입고서 또 다시 주문 수행과 함께 간절히 기도를 드리며 두 손을 드는 순간부터 상체가 깃털처럼 가벼워지고 두 팔, 어깨, 상반신이 강하게 흔들리는데 컨트롤이 안 될 정도로 움직임이 힘 있고 자유자재로 가볍게 움직여서, 제 귀에 손바람 소리가 '휙휙' 하며 얼굴에 시원한 바람이 일어났습니다. 그때부터 강하게 몸이 자발적 으로 움직이고 저의 등 뒤 허리 쪽에서 뜨거우나 따스한 태양 이 딱하니 붙어서 온몸이 힘이 꽉 차고 몸이 더욱 커지고 건강 해졌다는 느낌이 강렬하게 들었습니다. 자신감이 확 밀려오 는 쾌감을 느꼈습니다.

도공의 큰 기운을 받은 이후 외손자가 감기가 심하게 걸려 목이 많이 아프고 기침을 많이 했었습니다. 그래서 외손자의 머리에 손을 대고 태을주를 읽어 주었는데 편하게 잠을 깊이 자면서 목 아픔과 기침 등 감기증세가 사라지는 놀라운 경험 을 하고 태을주와 도공의 조화의 권능에 대해 새롭게 깨닫게 되었습니다. 보은!!!

도공으로 안약과 침을 버리다

서울관악 도장 김점순 / 여 / 54

신앙하기 전에는 왼쪽 눈물샘 통로가 막히는 증상이 있어서 눈이 건조해지고 눈 주변이 항상 불편하여 수술도 해봤는데 좀 나아지긴 했으나 여전히 불편하였고, 책을 보려고 하면 머리가 아프고 눈이 쏟아지려고 해서 책도 제대로 보지 못했었습니다. 그래서 침을 맞고 안약을 사용하면서 생활해야 했습니다.

그런데 도장에 나와서 진리를 공부하고 태을주 수행과 도공을 하면서 어느 날 왼쪽 눈물샘 통로를 막고 있던 찌꺼기들이 시원하게 내려가면서 뚫리는 느낌을 받았으며 그 이후로는 눈이 편해져서 책을 오래 봐도 크게 불편함을 느끼지 않게 되었습니다. 또한, 도공할 때 팔을 오랫동안 흔들어도 힘들지 않고 손 주위에 묵직한 기운을 느끼고 자연스럽게 손이 머리 쪽으로 가서 두드리는 동작을 하게 됩니다. 전에는 아침잠이 많아서 일찍 일어나기 힘들었는데 요즘엔 5시반 경 개운하게 일어나져서 조상님들이 깨워 주시는 게 아닌가 생각이 듭니다.

　대천제 때는 상제님께 사배심고 할 때 허리가 아팠는데 태을주 도공을 하고나서 허리 아픈 게 나았습니다. 또한, 왼쪽 머리 안쪽과 목 주변이 아팠었는데 도공을 할 때 뜨거운 기운이 등 뒤쪽에서 목 위 부분까지 올라오는 것을 느꼈고 손이 자연스럽게 머리 쪽으로 가서 머리 정수리를 침놓는 방식으로 꼭꼭 누르고 목 위 귀 주변을 자주 손으로 꼭꼭 눌러 주는 동작을 하면서 통증이 시원하게 내려가는 느낌을 받으며 아팠던 증상이 사라졌습니다.

　그 이후로는 힘들고 피곤해질 때 눈이 뻑뻑해지는 증상이 있으나 도공을 하면 바로 풀리게 되어, 이제는 머리와 눈이 별 불편함이 없이 침을 맞지 않고 안약을 사용하지 않아도 생활할 수 있게 되었습니다.

태을주 신유로 줄어 든 아들 코골이

서울강남 도장 양은모 / 여 / 57

저는 매일 아침에 봉청수와 105배례 그리고 전 주문을 송주하고 운장주 100독을 합니다. 또 낮에는 태을주를 7,000독 이상 하고 있습니다. 그리고 취침 전 봉청수를 하고 태상종도사님 태을주 성음을 들으면서 잠듭니다.

그러던 어느 날 자기 전에 봉청수를 올리고 태을주를 읽고 있는데, 갑자기 얼굴에 바람이 스치는 듯 하더니 맑은 기운이 몸 주위를 감싸는 것을 느꼈습니다. 뭔가 신비로운 기운이 오는 것을 확신하고 도공으로 신유를 할 수 있다는 자신감이 생기게 되었습니다.

중학교 1학년 아들이 있는데 밤에 잘 때 코골이가 굉장히 심해서 고생을 많이 하고 있었습니다. 태을주 도공 신유에 대한 확신과 자신감으로 한 번 고쳐보고자 하는 생각이 문득 들었습니다. 자고 있는 아들의 코에 손을 대고 약 5분정도 태을주 신유를 하였습니다. 신유를 하는데 저의 손바닥이 아들 얼굴에 자석같이 착 달라붙는 느낌이 왔습니다. 그날 이후 신기하게도 아들의 코골이가 많이 줄어들었습니다.

신유를 하던 그날 밤 꿈속에서 집안 청소를 하였고 방구석에서 하얀 구더기가 한 주먹정도 나오고 개미가 돌아다니는 것을 깨끗이 치웠습니다. 다음 날 아침 태을주 수행을 하는데 다리에서부터 찬 기운이 올라오며 손가락 사이로 찬 기운이 솔솔 빠져나가는 체험을 하였습니다. 평소 무릎이 많이 붓고 아팠는데 그날 체험 이후 무릎이 전혀 아프지 않았습니다.

꾸준한 태을주 수행으로 다시 나기
시작한 앞머리

서울강남 도장 김현정 / 남 / 41

입도 후부터 매일 300배례를 꾸준히 해 왔습니다. 그리고 최근에는 태을주 100만 독 운동으로 태을주 3천독을 매일 송주하고 있습니다. 태을주를 꾸준히 읽으니 재미 있는 일들이 생겨납니다. 작은 경험이지만 저의 체험 사례를 공유해 드립니다.

이렇게 작은 체험들로 시작하여 서서히 신비로운 태을주 체험들이 열릴 것 같아 오늘도 꾸준히 즐거운 마음으로 태을주를 정성껏 읽고 있습니다.

첫 번째는 제가 머리의 앞쪽에 머리카락이 거의 없습니다. 그런데 태을주를 많이 읽기 시작한 이후로 기적같이 조금씩 앞쪽에 머리카락이 나고 있습니다. 원래 앞쪽 머리가 훤하게 머리숱이 전혀 없었는데 지금은 앞쪽이 머리가 많이 나면서 검은 색을 띠게 되었습니다. 깜짝 놀랐습니다. 남들은 많은 돈을 들여 먹는 약이며 바르는 약으로 머리 몇 올 나게 하려고

온갖 방법을 쓰는데 저는 태을주와 도공수행을 해서 머리가
날 거라고 상상조차 하지 못했습니다.

　머리숱이 많은 분들은 별 느낌이 없으시겠지만 대머리 입
장에선 사실 엄청난 일입니다. 대머리 분들에게 태을주를 권
해드리고 싶습니다. 제 머리를 보여 주면서요. 보은 !

　이렇게 기적 같은 태을주 조화의 기운을 내려주신 상제님,
태모님, 태상종도사님, 종도사님과 조상님 전에 감사드립니
다.

역류성 식도염이 치료되다

서울동대문 포감 이용진 / 남 / 51

저는 대천제 때는 가족 친지와 함께 참석했는데 사정 상 도공할 때까지는 참석을 하지 못했습니다.

도공을 못해 너무나 아쉬운 마음에 오늘 치성 중에 도공을 할 때 더욱 절실히 기도하고 도공에 임했습니다.

평소에 업무로 스트레스가 많은 탓인지 머리 오른쪽 뒤쪽이 칼로 도려내는 것 같이 아프곤 했습니다. 오늘도 도공하기 전까지 통증이 와서 좀 힘들었습니다. 그런데 도공을 하면서 머리와 목, 어깨까지 강력한 타공을 하면서 탁한 기운이 빠져나갔는지 도공 후에 통증이 거짓말처럼 시원하게 사라졌습니다.

그리고 제가 2년 정도 역류성 식도염이 있어서 늘 가슴이 답답하고 쓰립니다. 제가 속한 도장에서는 매일 태을주를 읽고 서로 공유를 합니다. 저도 매일 읽어야지 마음먹고 6월부

터 태을주를 3천 독 정도 꾸준히 읽었습니다. 그런데 대천제
를 며칠 앞두고부터 신기하게도 식도염 증세가 거의 사라졌
습니다. 제 느낌에는 99% 정도 치유된 것 같습니다.

반듯하게 바로 잡힌 허리

서울관악 도장 이귀연 / 여 / 39

치성이나 군령 때 종도사님께서 직접 주관하셔서 태을주 도공을 하면서부터 도공이 잘 되기 시작하였습니다. 6월 9일 서울은평 도장 군령 시 도공할 때에 어떤 기운에 의해서 척추가 늘어나는 듯 하면서 허리가 반듯하게 자세가 바로잡아지는 느낌을 받았습니다.

그리고 대천제 때는 평소 오른쪽 어깨 상태가 좋지 않아 팔을 뒤로 돌리면 통증이 있었는데, 도공 시 오른쪽 팔을 계속 움직이면서 풀어주고 난 후 팔을 자유자재로 움직일 때 통증이 사라졌습니다. 이후 고개를 들어 하늘을 쳐다보는 자세에서 기도하는 자세를 취할 때 머리부터 목, 단전까지 하나의 통로가 뚫리는 느낌을 받았고, 이후 기도하는 자세(손을 모으고 심고하듯이)를 취하며 안정을 하는데 양손이 포개어져서 인당 앞에서 열었다 닫았다 하는 동작을 하게 되었고 이때 뇌가 확장(작은 것이 커지는 듯한)되는 느낌을 받았습니다.

대천제 이후에는 도장에서 태을주 도공을 하면서 호흡과 태을주 읽는 소리에 따라서, 기운이 백회로 들어와 척추를 타

고 내려와서 단전으로 갔다가 앞쪽으로 올라와서 백회로 나
가면서 순환되는 느낌을 계속 받고 있습니다.

천도치성에 나타나시는 성도님들의 조상신

대구수성 도장 포감 김자영 / 여 / 45

도기 135년(서기 2005년) 태을궁 입소 교육시 머리와 수염이 하얀 어떤 할아버지가 흰 옷을 입고 나타나셔서 제가 도공을 열심히 하는 모습을 지켜보셨습니다. 그 당시에는 저녁마다 도장에서 태을주 수행을 매일 했었고, 도공할 때는 가슴속의 한恨이 많았는지 자꾸 서럽게 울었었습니다. 지금 생각해보면 그 당시에 제가 도공할 때 워낙 서럽게 자꾸 우니까 무언가 위안과 격려를 해주시기 위해 나타나신 것 같습니다.

신기하게도 그 날 태을궁에서의 도공 이후 신안이 열려서 도장에서 천도식을 올릴 때마다 우리 성도님들이 위패로 봉안해 모시는 조상님들의 모습이 보였습니다. 천도식 올리는 성도님이 조상님들의 위패와 음식을 상床을 따로 마련해 차려놓았는데 수호사님이 축문을 읽으면서 그 조상님들을 한 분 한 분 호명하기 전에는 상 옆에 서계시다가 자신들의 성함이 축문에서 호명이 되면 한 분 한 분씩 자손이 마련해 놓은 상으로 가서서 차례로 앉아 천도식에 참여하는 모습들을 보면서 정말 상제님 진리를 더욱 확신하게 되었습니다. 수행을 열심히 할 때는 천도식 때마다 성도님들의 조상님들이 보였는데 생계에 바빠서 수행을 열심히 못하게 되니까 신안이 닫혀서 보이지 않게 되었습니다.

자궁의 혹이 작아지다

이번 대천제 때는 태을주를 생활 속에서 2,000~3,000독씩 읽어 13만 독 정도를 읽고 참석해 도공을 했습니다. 도공을 할 때 제 몸속이 보였는데 몸속에 혹이 있었습니다. 그런데, 그 혹을 제가 끈으로 묶었는데 혹의 크기는 제 주먹보다는 조금 작았습니다. 도공을 하면서 배를 계속 두드렸는데 두드리면 두드릴수록 혹이 점점 작아졌습니다. 계속하면 혹이 없어지겠구나 하고 생각했는데 생각보다 시간이 많이 걸리는지 도공이 끝날 때까지 그 혹을 다 없애지는 못했지만 혹이 아주 작아지는 체험을 했습니다.

신기한 것은 대천제 후 혹시나 제 몸속에 도공할 때 보였던 혹이 있는 것은 아닌가 싶어서 건강검진을 받으러 갔는데 자궁 쪽에서 7cm가량의 혹이 사진으로 찍힌 겁니다. 의사는 자궁선근종이라는 병이라고 하면서 심하면 자궁을 들어내야 하는 병이라고 합니다. 대천제 전에는 생리기간에 자궁 쪽이 너

무 아파 고생을 하면서도 롯데슈퍼에 근무하면서 사무와 캐
셔 일을 동시에 맡아 하느라 너무 스트레스가 심해 그런 거겠
거니 생각을 하면서 참아온 것이었습니다. 대천제 전에는 진
통제를 먹었는데 대천제 도공 후에는 진통제를 먹지 않게 되
었으며 훨씬 덜 아프게 되었습니다. 의사는 일단 안 아프면 버
티면서 경과를 지켜보자고 하는데 앞으로 더욱 태을주 수행
과 도공 수행을 더 열심히 해서 완치를 시키겠습니다.

도공으로 치유해 준 허리 통증

경주노서 도장 이지숙 / 여 / 40

대천제 올라가기 전날 밤 꿈이었습니다. 돌아가신 아버지께서 편안하고 온화한 모습으로 "내일 잘 다녀오너라." 하시면서 제 등을 다독여 주셨습니다. 그리고 어떤 사람의 손을 제 손으로 꼭 잡게 하시면서 환하게 웃어 주셨습니다. 다음 날 아침에도 어젯밤 꿈속에 아버지와 만남의 그 기운이 너무 좋아 기분 좋게 천제에 참여하게 되었습니다.

저의 두 아이와 함께 태을궁 대신 유아놀이방에서 천제를 참관하고 있었습니다. 천제와 종도사님의 도훈 말씀이 끝나고 다 함께 도공을 하는 시간이 되어 저도 열심히 도공을 해서 큰 기운을 받으려 했지만, 대천제에 같이 참여한 저희 도장 여성 성도님이 허리 통증으로 너무 고통스러워해서 제가 두드려 주면서 태을주를 읽었습니다. 허리를 두드린 지 얼마 되지 않아 저의 손을 타고 목까지 탁기가 올라와 팔도 무겁고 목도 따끔거리고 아팠습니다.

그리고 저에게 신유도공을 받는 성도님도 제가 두드리는 곳이 너무나 고통스러워하며 허리를 펴지 못하고 계셨습니다. 그래도 멈추지 않고 아픈 곳을 찾아야겠다는 생각으로 계속 도공을 하는데 허리가 아니고 양쪽 신장 쪽으로 손이 저절로 움직여지면서 도공 시간이 끝날 때까지 두드렸습니다.

시간이 지나면서 점점 제 몸의 탁기가 빠져나가면서 손도 아프지 않고 목의 따끔거림도 없어졌으며 신유 도공 받으시던 성도님도 허리를 점점 펴지게 되었습니다. 신유 도공이 끝나고 그 성도님과 말씀을 나누는데 제가 타공을 해주는 손이 너무 매워서 첨에는 손바닥으로 따귀를 엄청 세게 맞는 듯 한 기분이 들고 아프기까지 해서 손을 뿌리치고 싶었다고 합니다. 그렇지만 조금 더 참으니까 허리가 점점 나아지고 양쪽 무릎으로 차가운 바람이 빠져 나가면서 시원한 느낌을 들었으며 허리도 괜찮아 졌다고 했습니다.

도공이 끝나고 생각해보니 오늘은 나보다 다른 사람을 도와주는 도공을 하라고 아버지께서 저에게 꿈으로 오셔서 잘 다녀오라는 말씀과 꿈에 꼭 잡게 해주신 손이 저희 도장의 성도님의 손이라는 생각이 들었습니다. 꿈속에서나마 돌아가신 아버지를 뵙게 되어 기뻤고 제가 대천제에서 저를 위한 도공보다 남을 위한 도공 수행을 하고 온 것이 더욱 보람된 대천제 참석시간이 된 것 같습니다. 감사합니다. 보은!

도공으로 시원해진 목과 머리

안동태화 도장 서종원 / 남 / 31

최근 태을주 100만 독 읽기와 도장 중심의 신앙생활을 회복하면서 포교도 되고, 그동안 입도는 했으나 현실적인 여건이 안 되어 도장에 뜸해진 남동생 부부도 다시 도장에 나오려는 마음으로 바뀌고, 어머니도 신앙에 대한 관심을 가지시게 되는 등 많은 가정적인 변화가 있게 되었습니다.

그동안 안정적인 직장일이 안 되고 재정적으로 어려움을 겪다 보니 스트레스도 심하고 항상 조금만 신경을 쓰면 뒷목이 뻐근하고 경직되고 어깨도 아프고 편두통도 심했습니다. 이번 대천제 때 도공을 통해 아픈 곳이 100% 다 나은 것은 아니지만 많이 치유가 되고 회복이 되었습니다. 사실 그동안은 도공을 많이 해 보았지만 기운을 크게 받는 체험은 못했습니다. 이번에는 정성기도도 꾸준히 했고 대천제에 1명 입도도 하게 되어 뭔가 도공에 대한 자심감이 많이 생겼습니다.

도공이 시작되자 그 전에는 깊이 집중이 안 되는 경우가 많았는데 몰입이 금방 되고 집중이 잘 되었습니다. 몸 전체가 부드럽게 움직였고 점차 몸이 풀리면서 온 몸이 시원해지는 것을 느꼈습니다. 25분~30분의 도공이 몰입이 되다보니 짧은 시간으로 느껴졌습니다. 그리고 도공이 끝나자 항상 불편하던 목과 머리가 시원해지고 아프거나 불편함을 느끼지 못할 정도로 편해져서 기분이 너무 좋았습니다.

도공을 내려주신 종도사님의 은혜에 감사드리며 오직 도장 중심의 희생 봉사하는 일꾼이 되고 포교에도 성심을 다하여 한 사람이라도 더 살리는 진실한 참 일꾼이 되겠습니다. 보은

뇌출혈로 쓰러진 어머니를 회복시킨 태을주

부산동래 도장 강은진 / 여 / 26

대천제를 앞두고 두 달 전 어머니께서 뇌출혈로 갑자기 쓰러지셨습니다. 병원에서는 수술을 할 수 없는 위치고 출혈양이 많아 마음의 준비를 하라는 것이었습니다. 청천벽력과 같은 말에 너무 놀랐습니다. 한치 앞을 내다볼 수 없는 것이 인생이라지만 저에게 이런 말도 안 되는 일이 일어나다니요! 앞이 캄캄하고 온 세상이 어둑하고 하늘이 무너져 내리는 것 같았습니다.

그 후 정성수행을 하였고 길을 걸어가며 아침에 일어나서 언제 어디서나 천지에 기도를 하였습니다. "어머니를 살려주세요! 제발 저희 어머니 살려주시면, 꼭 깨어나게 해주시면 천지에 보은하는 천지 일꾼으로 사람 많이 살리겠습니다." 매일같이 기도를 했습니다.

그러면서 생명의 고비를 넘기게 되셨고 의사가 살아 있는 것이 기적 같다고 했습니다. 그 후 중환자실에서 준중환자실로 옮기면서 시간 제약을 받지 않고 면회를 할 수 있게 되었고 매일같이 태을주를 읽어드렸습니다.

지옥과 같은 두 달이라는 시간이 지나고, 드디어 대천제날 도공을 하기 전에도, 도공을 하면서 '천지의 상제님, 태모님, 태상종도사님, 종도사님, 조상님, 천지신명님! 제발, 어머니 꼭 눈뜨고 일어나게 해 주시고 병마로부터 꼭 이겨낼 수 있게 해주세요!' 하면서 도공을 시작하였습니다.

도공하기 전 매일 반복되는 과로로 몸이 뻐근하고 무거웠고 기운이 없었습니다. 그러나 도공을 하면서 마음과 몸이 날아갈 듯 가벼워지면서 도깨비불 같이 푸른빛이 춤을 추듯 움직였습니다. 도공이 끝나고 난 후 맑고 밝은 기운이 몸에 들어와 몸과 마음이 가벼웠습니다.

뭔지 모르게 모든 일들이 잘 풀려 질 것 같은 자신감도 생겼습니다. 밝은 기분으로 집에 내려갔었고, 그 후 어머니께서 다행스럽게 눈을 뜨셨고 현재는 사람도 알아보시고 정말 많이 좋아지셨습니다. 의사가 기적이라고 말한 것처럼 정말 저에게 기적과 같은 일이 일어나고 있습니다.

천지의 부모님이신 상제님, 태모님과 태상종도사님, 종도사님께 일꾼으로써 항상 감사하는 마음과 천지에 보은하는 마음으로 신앙해 나가겠습니다.

돌아가신 어머니께서 신유를 해 주시다

울산자정 도장 신제민 / 남 / 44

저는 올해 3월초부터 도장 성도님들과 같이 태을주 생활 수행을 해 오고 있습니다. 처음에는 매일 5,000독을 목표로 수행을 하였고 지금은 10,000독을 목표로 수행을 하고 있습니다. 그리고 매일 수행한 것을 휴대폰 사진으로 찍어서 '명증 샷'이라고 이름을 붙여서 네이버 밴드를 통해 성도님들과 공유 하고 있습니다. 지금은 포정님을 포함한 다섯 분의 성도님들께서 매일 태을주 10,000독 이상 수행을 해 오고 계시고 그 밖에도 많은 성도님들께서 동참해 주시면서 기운을 모으고 있습니다.

그러던 중에 대천제가 거행된다는 소식을 접했고 대천제까지 저는 태을주 100만 독 수행을 하기로 서원을 세웠습니다. 쉽지는 않았지만 매일매일 수행한 것을 엑셀파일을 만들어 입력해 가면서 수행을 실시하였고 대천제가 거행되기 이틀 전인 7월 5일에 태을주 100만 독 수행을 마칠 수가 있었습니다.

하지만 대천제 당일 저는 컨디션이 그렇게 좋지 않았습니다. 아침에 일어날 때 악몽에 시달렸는지 제 몸은 진기가 다 빠져 나간 듯이 땀으로 흠뻑 젖어 있었고 몸도 마음도 기운이 없었습니다. '이러다가는 대천제에 참석을 못 하겠구나' 라는 생각이 들 정도였습니다. 겨우겨우 잠자리에서 일어나 뜨거운 물로 샤워를 하고 나서야 경직된 몸이 풀리면서 차츰 정신을 차릴 수가 있었습니다. 그리고 정신을 차리고 나서야 이것은 척신의 발동으로 일어난 일임을 느낄 수가 있었습니다. 힘든 몸을 수습하고 성도님들과 버스를 타고 태을궁으로 출발했지만 그때까지도 몸 상태는 그다지 좋지 못했고 힘겨웠습니다. 하지만 태을궁에 도착하고 대천제를 모시고 기운을 받으면서 서서히 제 컨디션으로 돌아오는 것이었습니다.

대천제를 모시고 종도사님께서 태을주 도공을 내려 주실 때 처음에는 그다지 큰 기운이 내린다는 감응을 받지 못했는데 빠르게 태을주 도공 수행을 하면서부터 아랫배에서부터 무엇인가 뜨거운 기운이 올라왔고 이유 없이 두 눈에 눈물이 고이기 시작했습니다. 그런데 눈물이 나면서 눈에 극심한 통증이 나기 시작하였고 순간 저는 비명을 지를 뻔 했습니다. 평소 유행성 결막염으로 병원에서 안약을 처방받아서 투약한 적이 있는데 투약 당시 눈이 심하게 쓰라렸었습니다. 그런데 그 때 눈에 넣었던 안약보다도 약 100배 더 큰 통증이었습니다. 저는 그 통증을 잊어버리기 위해서 더 강하고 빠르게 도공을 실시하였고 차츰 통증이 가라앉으면서 눈이 아주 시원해지는 것을 느꼈습니다.

그런데 그 순간 갑자기 제 마음속으로 몇 해 전에 돌아가신 어머님이 떠오르는 것이었습니다. 불교 신자이셨던 어머님은 셋째 형님이 실족사고로 4층 옥상에서 떨어져 돌아가신 후부터 어머님 당신이 갑상선암으로 돌아가시기 전까지 약 10년이 넘게 매일 새벽 2시면 일어나서서 청소와 목욕재계를 하시고 가정 불공을 드리실 정도로 불심이 높으셨는데, 그 어머니께서 '제게 신유를 행하고 계시구나' 라는 생각이 불현듯이 드는 것이었습니다.

살아생전에 어머님을 증산도로 인도를 하고자 많은 얘기를 하곤 했지만 어머님 당신께서 불심이 강하셨던지 선뜻 마음을 내지 못하셨습니다. 그래도 돌아가신 셋째 형님의 천도제를 증산도에서 지내도록 먼저 말씀하실 정도로, 증산도를 신앙하시지는 않았지만 증산도 진리에 대해서는 미륵신앙이라고 인정해 주시고 제가 신앙하는 것을 적극적으로 지지해 주셨습니다. 그런 평소의 생각 덕분에 어머님께서 돌아가신 후 어머님께서 다니시던 양산 통도사가 아닌 증산도 도장에서 천도제를 지내는 것에 대해서도 형제들로부터 자연스럽게 인정을 받아서 모시게 되었습니다. 그런데 어머니께서 지금 제게 오서서 신유를 해 주시고 계신 것입니다.

감사하였고 감격스러웠습니다. 평소에도 항상 저와 같이 계시며 제 주위에서 저를 음호해 주시고 계시다는 생각을 하곤 했지만 그렇게 직접적으로 제게 기운으로 신유를 행하여 주시는 것은 처음이었고, 이것이 태을주 100만 독 수행을 한 저에게 '상제님, 태모님, 태상종도사님, 종도사님께서 기운을 내려주시면서 어머님께서 신유를 하시게끔 허락하여 주셨구나' 라고 생각을 하였습니다. 진정으로 조상의 음덕과 신인합발神人合發의 은혜를 몸소 체험하는 순간이었습니다.

대천제 이후 저는 도장 성도님들과 같이 매일 태을주 10,000독 생활 수행을 계속해서 실시하고 있으며 동지 치성 전까지 태을주 200만 독을 목표로 세웠습니다. 아직까지는 삼생의 인연을 만나지 못하고 있지만 지속적인 태을주 생활 수행을 통해 제 몸과 마음부터 서서히 변화되고 무르익어 가고 있음을 느낍니다. 그리고 진리의 고갱이인 태을주 수행을 통해서 하루하루 체험도 쌓여 가고 있음도 느낍니다.

이런 저에게 진정어린 통정과 진리 나눔으로 참 인연을 만날 수 있기를 상제님, 태모님, 태상종도사님, 종도사님 전에 기도드립니다.

좌골신경통이 치료되다

부산덕천 도장 문형일 / 남 / 62

교육행정 공무원으로 20여 년간 생활 하면서 거의 의자에 앉아서 근무를 하는 시간이 많았습니다. 7년 전에 허리통증이 와서 병원검사를 하니 허리협착증이라고 하였습니다. 그래서 치료를 받았는데 잘 낮지 않았습니다. 그 외 여러 가지 민간치료로 실행해 보았는데 큰 효과가 없었습니다. 그리하여 꾸준하게 100배례와 태을주 수행을 하면서 근육 강화 운동을 열심히 하였습니다. 5년 정도 정성수행을 하다 보니 허리협착증은 완치되었습니다.

그리고 시간이 흐른 뒤에 2년 전에 엉덩이부근에 좌골 통 증이 와서 병원에서 치료를 했는데 잘 완치가 되지 않아 빨리 걷는 것이 부자연스러웠습니다. 그리하여 지속적으로 100배 례와 태을주 정성수행을 도장에 꾸준히 하고 홍보 포교 활동 도 꾸준히 하였습니다. 이번 대천제때 도공 수행을 하면서 자 연스럽게 온몸을 두드리다보니 아픈 곳이 막 드러나는 것 같

있습니다. 그곳을 찾아서 계속 손으로 두드리면서 도공 수행을 하다 보니 온 몸이 개운하고 마음이 상쾌하였습니다. 도공 수행이 끝나고 나서 보니 몸이 굉장히 가벼워졌으며 좌골신경통이 거의 완쾌되었습니다. 지금은 걷는데 다리가 가뿐하고 걸음이 빨라졌습니다.

앞으로 도장에서 태을주 정성수행과 배례, 태을주 도공수행을 지속적으로 하도록 하겠습니다. 그리고 홍보, 포교 활동도 적극적으로 하여 칠성도수 포교 천명天命을 완수하도록 하겠습니다. 보은!!!

난시가 좋아지고 글씨가 선명하게 보였습니다

부산동래 도장 박은미 / 여 / 39

평소와는 달리 자리가 좁고 의자에 앉은 터라 마음이 조금 불안했습니다. 7월 5일에 손가락을 다쳐서 붕대를 감고 있어서 더욱이 도공하기엔 불편했습니다.

하지만 치성 때부터 태을궁 안에 느껴지는 기운이 너무 크다는 것을 체험하면서 조금씩 기대도 한터라 시작할 때부터 평소보다 도공이 더 되질 않았습니다.

그래서 중간쯤 별 기대 없이 맘을 편하게 가졌는데 조용히 두 손을 눈으로 올려놓고는 한참을 있었습니다. 좀 이상해서 다시 손을 내려 보았지만 다시 두 눈을 가리며 가만히 있었는데 왜 그랬는지는 잘 모르겠지만, 그만하라는 말씀에 손을 내렸고 눈을 떴는데 주위가 밝아진 듯 했습니다.

심한 난시로 글씨가 흐리고 잘 보이지 않는데 현수막의 글이 선명하게 잘 보였습니다.

병원에서 못 고친 엄지손가락 통증이 치료되다

마산회원 도장 김은주 / 여 / 41

대천제 날 종도사님과 함께 태을주를 몇 독 읽었을 때 기운이 너무 좋다는 걸 느껴서 이번 도공 땐 큰 기운을 받겠다는 느낌이 들었습니다.

본격적인 도공이 시작 되었을 때 열심히 태을주를 읽으며 손과 몸을 놀리기 시작했고 아주 뜨거운 기운 속에 도공을 마쳤습니다. 그때까지 별 느낌이 없었는데 도공이 끝날 때쯤 왼손 엄지손가락의 통증이 없어진걸 알았습니다. 왼손 엄지손가락을 다쳐서 클리닉을 한 달을 다녀도 전혀 차도가 없었고 무거운 그릇은 한손으로 들지 못할 만큼 아팠는데 그 통증이 전혀 없어진 것입니다. 너무 신기해서 돌아가는 버스 안에서 그 다음날에도 계속 관찰 했는데 그 당시 보단 조금 통증이 있지만 생활 하는데 전혀 문제없을 만큼 엄지손가락이 나았습니다.

정말 신기했습니다. 보은!

아픈 발이 치유되다

진주 도장 박규상 / 남 / 23

태어날 때부터 유전병을 가지고 있어 걸음이 불편하고 오래 걷거나 서 있으면 다리가 아픕니다. 두 달 전부터 오른발 안쪽이 어딘가에 닿으면 아파왔습니다.

이번 대천제에서 태을주 도공 체험을 위해 스스로 태을주도 매일 1,000~1,500독 정도 읽고 지내왔습니다. 태을주 도공에 들어갈 때 처음에는 몸을 가볍게 풀고 있던 중 5분 가량 지났을 때 아픈 부위인 오른쪽 발 안쪽을 마구 두드렸습니다.

기운을 받아 꼭 치유해 보리라 마음먹고 기운에 몸을 맡겨 보기로 했습니다. 계속 두드릴 때는 아픈 부위가 계속 아파 와서 그만둘까 생각도 들었지만 나을 수 있을 것이라는 확신을 가지고 더욱 신나게 두들겼습니다.

대천제가 끝나고 내려오는 길에는 아픔이 가시지 않아 발을 내딛기 힘들었습니다. 그러나 다음날이 되고 그 다음날이 되어도 아픈 부위가 아프지 않게 되었습니다.

이렇게 낫는 것을 체험하고 나니 더욱 정성을 들이고 태을

주 도공 기운을 내려 받으면 유전병을 걸음이 불편한 것까지
나을 수 있으리라 확신합니다.

정성수행으로 불면증을 치료하다

함양용평 도장 박정희 / 여 / 51

약 3년 전 울산에서 암자를 운영하다가 신병이 들어 2년 가까이 잠을 전혀 못 이루고 집에서 신병에 시달리다가 우연히 TV를 보던 중 상생방송을 보게 되었습니다. 성구 말씀이 너무 좋고 '저곳에 가면 살 수 있겠구나!' 하는 생각이 들었습니다. 안내센터로 전화를 해서 『천지성공』 책을 받았고 가까운 도장도 소개 받았습니다. 며칠 뒤 함양용평 도장에서 전화가 와서 도장을 방문하게 되었습니다. 친절한 안내와 함께 21일 정성공부와 팔관법 기초교리를 공부하였습니다. 평소 신병으로 잠을 잘 이루지 못하였는데 정성 공부를 하면서 잠도 그럭저럭 잘 잤습니다.

5월 태모님 성탄치성 후에 집으로(광주) 일이 있어서 가게 되었는데 신병이 도져서 어머니와 언니가 전남대 정신과에 치료를 받도록 하였습니다. 저는 제 정신이 아니었고 그냥 따라 갔습니다. 진단결과 조울증으로 판단 났지만 제 병은 신병이라 정신과 약으로 치료될 수가 없었습니다. 독한 약으로 인하여 혀가 마비가 되어 발음이 분명치 않고 코가 시커멓게 변하고 시력이 자꾸 떨어져서 도전을 보고 싶었지만 볼 수가 없었습니다. 아버지께서 내려주신 주문, 태을주를 속으로 외우며 이겨낼 수 있는 힘을 달라고 기도하며 견디었습니다. 한 달쯤 지났을 때 퇴원을 하였고 약은 한 달에 한 번 씩 와서 검진과 함께 약을 받아야 했습니다.

다시 함양용평도장에 가서 수행을 하고 어떻게든 신병을 치료해야겠다는 강한 의지가 있었습니다. 6월 19일 함양용평도장에 복귀하여 약을 단호히 끊고 수행으로서 이기겠다는 의지로 수행하였습니다. 첫날에는 몸이 떨리고 견디기 힘들었지만 차츰 약기운이 빠지고 태을주 기운이 축적되어 갔습니다. 그러던 중 7.7 대천제에 참석하여 종도사님 말씀 중에 저도 모르게 깜박 깜박 잠이 들었습니다. 핵심적인 말씀을 하실 때는 여러 번 눈을 뜨게 하였습니다. 3년 넘게 편한 잠을 못 잤는데 큰 체험이었습니다.

대천제 후에도 정성수행을 계속하여 신병을 완전히 치료하였고 이제는 잠을 편히 잘 자고 있으며 진리 공부도 다시 시작할 계획입니다.

새로 태어난 몸과 마음으로 진리공부와 수행, 도공을 온몸으로 체득해서 상제님! 태모님! 태상종도사님! 종도사님! 조상님! 은혜에 보은하는 사람 많이 살리는 참된 일꾼이 되겠습니다.

도공 다음 날 떨어져 나온 피덩어리

부산중앙 도장 유영순 / 여 / 44

저는 근 4년 째 집에서 아침마다 새벽 수행을 하고 있습니다. 그리고 이번 대천제를 맞이하기 위해 더 정성스러운 마음으로 매일 수행을 하고 있었습니다. 대천제 당일 도공 수행을 하는데 손에 솜털처럼 기운이 뭉치다가 몸과 목이 빙글빙글 돌아갔습니다. 그렇게 도공을 끝날 때까지 계속 했습니다. 예전에는 그렇게 몸과 목을 돌리며 도공하면 몸이 좀 아팠었는데 이번에는 도공 수행이 끝나고 전혀 아픈 게 없고 몸이 시원하고 개운했습니다. 전혀 피곤하지도 않았습니다.

그리고 다음날 아침 새벽수행을 하고 난 뒤 몸에 이상을 느껴서 화장실에 갔습니다. 화장실에서 변기에 큰 대추알 크기의 피 덩어리가 있는 것을 봤습니다. 예전에 몸에 물혹이 작은 것이 있다고 들었는데 아마 그게 떨어져 나간 것 같습니다. 그런 일이 있고 난 후, 수행을 하면 허리 뒤쪽에서부터 뜨거운 기운이 느껴집니다. 예전에는 등 쪽에만 뜨거웠는데 도공 수행을 한 후부터는 허리에서부터 등 쪽으로 수행을 하면 뜨거운 기운이 생겨나기 시작했습니다.

굽었던 등이 펴졌습니다

전주덕진 도장 이오례 / 여 / 73

저는 매일 태을주를 매일 4,000독정도 읽고 있습니다.

저는 평상시 등이 굽어 있었고 허리가 항상 아팠습니다. 허리가 많이 아파서 2013년 2월과 3월 두 차례에 걸쳐서 척추가 균열되어 있는 것을 바로 잡기 위해 레이저수술을 하였으나 계속 통증이 있었습니다. 그러나 이번 도공으로 굽어 있던 등이 펴지고 통증이 사라졌습니다.

또한 평소 걸어 다닐 때 허리를 받치기 위해 뒷짐을 지고 다녔는데 도공 이후로 손이 뒤로 가지 않고 아픔도 사라지고 등이 곧게 펴져서 걸어다는데 불편함이 많이 줄어들었습니다.

300에서 100으로 떨어진 당뇨 수치

광주상무 도장 신상남 / 남 / 61

저는 평소 태을궁에서 종도사님이 명확히 보이지 않았었는데 이번 도공을 끝내고 나니 초점이 맞추어 지며 눈이 밝아졌습니다. 도공 중에 수풀 林 자와 밝을 明 자가 보이고 이 후 녹도문으로 된 천부경 전문이 보였습니다.

대천제를 다녀온 후 그 동안 앓아왔던 당뇨 수치를 재어보니 원래 300이 나왔었는데 100으로 떨어졌습니다.

그 동안 정성수행을 하며 약도 잘 먹지 않았는데, 진찰한 의사도 놀라워했습니다.

검은 기운이 나가고 시원해진 눈

강릉옥천 도장 김영민 / 남 / 53

저는 강릉휴게소 상행선에서 우동코너를 운영하고 있습니다. 우동코너 총괄 팀장의 중책을 맡고 있는 지라, 도장 치성 참여라든지 수행, 대소사, 포교활동 등에 있어 소홀해지는 날들이 많았습니다. 7월 7일 대천제에는 꼭 참석하기 위해 아르바이트생을 미리 구해놓고, 도장에서 매일 정성수행을 올렸습니다.

6월 말에 우동을 조리하다 뜨거운 우동 국물이 눈에 튀기는 사고를 당하였습니다. 안과에서 치료를 받고 안약도 넣었지만, 며칠이 지나도록 눈이 계속 따끔거리고 머리까지 아팠습니다. 다친 눈에서 자주 열이 났고, 가끔 참을 수 없는 통증에 시달리기도 해서 일을 할 수 없었던 때도 있었습니다.

대천제날 도공을 하면서 눈에서 검은 기운이 빠져나가는 것을 보았습니다. 손이 탁기를 빼내는 듯, 기를 쥐고 있는 느낌으로 흔들자 눈이 시원해지면서 답답했던 기운이 빠지고 있다는 기분이 들기 시작했습니다. 검은색의 탁기였습니다.

과거에 도장에서 도공 수행을 많이 하면서 치병 체험, 신도 체험을 많이 하였지만, 이번처럼 생생한 체험은 처음이었습니다.

요즘은 일을 하면서도 생각에서 태을주를 놓지 않고 있습니다. 주변의 많은 사람들이 함께 천지조화 태을주를 읽을 수 있도록 할 수 있는 모든 것을 하겠습니다.

사라진 위염 증세

정선봉양 도장 박금옥 / 여 / 43

저는 몇 해 전 부터 가끔 목이 조이는 느낌으로 고통 받아 왔습니다. 혈액순환이 안 되는 거 같아서 직장 스트레스와 위장 때문인가 생각하고 약 먹고, 혼자 손도 따고 혈액순환에 도움이 될까 싶어서 와인도 한잔씩 마시고 잠들곤 했습니다.

하지만 두어 달 전부터 증상이 잦아지고 심해져서 건강검진을 받아야겠다고 생각했습니다. 그러면서 대천제가 다가왔고 태을주 도공치유를 받아야겠다고 생각하면서 태을궁에 참석했습니다.

그리고 강릉도장에서 신앙하는 막내 동생 박혜종 신도와 올케 최명선 신도가 어린조카 세 명을 데리고 어렵게 태을궁에 참석한 것이 고마워 조카를 봐야겠다는 생각으로 (숙소동) 8층에서 도훈을 받들었습니다. 도공을 하면서 의도적으로 위장과 명치끝을 치면서 집중도공을 하였습니다. 통증이 느껴졌습니다. 그리고 계속 여기저기 돌아다니는 조카 때문에 눈을 떴다 감았다 하면서 도공을 했는데 위장부분에 아주 뜨거운 불기운이 느껴졌습니다.

도공이 끝나고 조금 아쉽다는 생각을 하면서 집에 돌아왔는데 그 따뜻한 느낌이 오래도록 복부에 남아 있었습니다. 그리고 생각해 보니 호흡이 무척 편해져 있었습니다. 그리고 3일후 10일(수) 강릉 아산병원에서 위내시경을 받았는데 내시경을 할 때마다 위염 때문에 조직검사를 해 왔던 위장이 깨끗하다고 하였습니다.

상제님! 태모님! 태상종도사님! 종도사님 전에 감사드립니다. 보은!

700에서 150으로 떨어진 당 수치

춘천중앙 도장 허영회 / 남 / 67

춘천중앙 도장 4월 입도한 허영회 신입 신도입니다. 4월 입도한 이후 집에서 매일 아침 5시, 저녁 취침 전 봉청수와 태을주 수행을 정성껏 해왔습니다.

현재 직장생활을 하면서 개인적으로는 족보를 제작해 주는 일도 하는 분으로 세필 한자 작업을 오래 하여 한 달 전에는 오른쪽 팔 통증으로 병원에서는 더 이상 글을 쓸 수 없다는 의사의 진단이 나서 낙심하여 쉬고 있었습니다. 또한, 부인의 지병으로 경제적 부담과 심적으로도 힘든 환경이었습니다.

이번 7.7 대천제에 태을주 천지조화 도공을 내려 받는다는 종도사님의 말씀에 용기를 얻어 매일 오전 10시~12시 도장에서 21일 정성수행과 도공을 하였습니다. 또한, 염념불망 태을주 백만 독을 송주하기 위해 계수기를 사용하여 하루 1천 독에서 2천 독 송주도 하였습니다. 7.7 대천제 때 버스로 태전을 가면서 태상종도사님 종도사님 태을주 천지조화 도공에 대한 말씀을 받들면서 도공에 대한 마음의 준비를 하였습니다.

이번 대천제 때 도공을 하면서 저의 몸이 불편한 것보다는 부인의 지병을 고쳐 주시기를 서원하면서 도공을 하였습니다. 7.7대천제 끝나고 집에 돌아온 다음날 부인 병 치료보다는 세필 한자를 많이 써서 평소 오른팔 통증이 있었는데 통증이 완전히 완치되었습니다. 또한, 당 수치가 700이상이었던 것이 150으로 떨어져서 병원 의사도 신기하다고 이것은 기적이라고 말한답니다. 의사한테 늘 몸 관리 안 한다고 야단만 맞다가 칭찬 들으니 기분이 좋았습니다. 증산도를 신앙하게 된 것이 인생에서 최고의 선물, 기쁨입니다. 보은!

몸이 가벼워 하늘을 날 것 같았습니다

제주이도 도장 고현미 / 여 / 50

저는 129년 4월에 입도하여 지금까지 10여년이 넘어가는 신앙을 하고 있습니다. 저는 남편을 통해 증산도를 만났습니다. 제 고향은 제주도 동쪽에 해가 떠오르는 섬 우도에서 태어나 아주 가난하게 자랐습니다. 배운 것이라곤 물질(해녀)과 농사일만 하다가 지금의 남편을 만나 결혼을 하고 2남 1녀를 두고 살고 있습니다.

신앙은 오래 해왔지만 그 동안 포교도 제대로 안 해오고 태을주 수행도 제대로 정성을 드려본 경험이 없었던 것 같습니다. 제가 제대로 신앙에 눈을 뜨게 된 건 작년 12월부터 제 몸이 아프면서 신앙이 성숙이 되어 가고 있는 것 같습니다. 그 동안 긴 시간을 신앙하면서도 현실에 매달려서 살다보니 포교는 해야겠는데 자신은 없고, 가족들은 큰 어려움 없이 잘 지내기에 도장에는 제 나름대로 갔다 왔다만 할 뿐이었습니다. 이런 생활이 오래 지속되다보니 점점 포교하려는 마음은 멀어지고 그저 성금 헌성하고 치성 참석하는 것만으로 제 할

일을 다 하는 것처럼 생각하였습니다.

저는 제 건강이 무너질 것이라고는 생각을 안했는데, 지난 겨울부터 감기가 아닌데도 마른기침을 하면서 밤에 잠을 잘 수가 없었습니다. 폐안으로 공기가 들어가면 쉴 새 없이 기침이 나고 숨이 금방이라도 멎을 것처럼 하였습니다. 기침 때문에 태을주 주문 수행을 할 수도 없었고 누구와도 1~2분정도도 이야기하기가 어려웠습니다. 그렇게 고민을 하다가 병명을 알아보자 해서 한의원에 가서 검사를 하니깐 몸이 그 동안 너무 무리를 많이 하고 허약해서 그런다고 한약을 지어먹어 보라고 했습니다. 한약은 먹어봐도 아무 소용이 없고 열은 계속 머리 쪽으로 올라오면 계속 쑤시고 아프고 견딜 수가 없는 최악의 상황까지 이르게 되었습니다.

이런 고통이 한 5개월 정도 흐르면서 문득 나의 비뚤어진 신앙관에 대해서 지난날을 되돌아보고 고민하는 시간이 되었습니다. 과연 내가 긴 시간동안 신앙을 해오면서 어떤 희망을 갖고 신앙을 했을까 하는 생각들에 아주 눈물이 젖도록 죄스럽고 제 자신이 부끄러웠습니다.

첫째는 게으른 신앙, 둘째는 어두운 신앙, 셋째는 믿음이 없는 신앙, 넷째는 자신감이 없는 신앙, 다섯째는 정성이 없는 신앙. 이런 생각 때문에 시간이 갈수록 그동안의 가식적인 신앙만 하면서 오늘 이 시간까지 허송세월을 보내왔다는 것이 눈물이 앞을 가로 막아서 가슴이 답답했습니다.

이런 나의 올바르지 못한 신앙 때문에 아픈 것이 아닌가 싶어 고민하게 되었습니다. 그래 이제라도 늦지 않았으니 한번 해보자 마음을 굳게 가지고 아침 수행을 시작으로 하루도 빠지지 않고 아침 수행을 했고, 옛날에도 읽지도 않았던 증산도 서적들을 열심히 보면서 태상종도사님, 종도사님 도훈 말씀을 봉독하면서 다시 한 번 나의 심법을 강하게 가지고 내 병은 내 스스로 내 정성으로 고쳐보리라 강한 다짐을 하면서 열심히 정성을 드리고 있습니다. 그러면서 조금씩 제 몸이 나아지고 있다는 걸 하루하루 느끼고는 그때부터 '내가 안 해서 그렇지 하면 되는 구나. 이제는 정말 신앙다운 사람 살리는 신앙을 해야지' 하고 다짐을 하면서 아침 수행을 해왔습니다.

대천제에 가기 이전에 기침이 아주 깨끗하게 사라졌습니다.

대천제 떼 체험은, 해녀라는 직업을 하는 사람들은(해녀병) 숨을 죽이고 물속을 들락날락 하다보면 누구나 다 똑 같은 증상으로 머리 같은 부분이 많이 아파옵니다. 저도 그런 병을 오랫동안 앓고 있는 지라 몇 달 전부터 머리에 뒤통수 부분으로 열이 오르면 잠을 잘 수도 없었고 밤이면 밤마다 힘든 시간이었습니다.

그러던 중 이번 대천제를 준비하면서 도장에서 아침 수행을 할 때 아주 집중적으로 '나도 하면 된다'는 자신감을 갖고 늘 해왔습니다. 그 동안 아침 수행을 하면서 대천제에 가서 꼭 기운을 받으려고 준비를 많이 해왔던지라, 태을궁 1층 의자에 앉았는데 갑자기 오른쪽 귀가 멍하게 아파오면서 뒤통수 쪽으로 열이 계속 오르면서 정신을 못 차리게 되었고, 그래도 아픈 대로 신경을 쓰지 않고 계속 마음속으로 태을주 주문을 계속 외웠습니다. 2부가 시작되면서 종도사님과 도공 주문을 맞추면서 목소리가 터지도록 외치면서 머리를 두들기면서 정신없이 하는데 어느 한 순간이 되니깐 머리 뒤통수 부분에서 빨간 불덩이 같은 게 빠져나오면서 시원한 바람으로 원을 그리면서 돌더니 그 때부터 머리가 시원해졌습니다. 온 몸은 땀으로 범벅이 되었고 내 의지와는 상관없이 나도 모르게 두 손을 모아 읍배를 하면서 조금 전까지만 해도 그렇게 아프고 격렬하게 움직이던 머리가 아무런 미동 없이 꼼짝도 않고 앉아있던 것이었습니다.

마음은 아주 편안하고 고요했고 몸은 너무 가벼워서 하늘을 날 것 같은 기분이었습니다. 이런 체험이 저는 처음인지라 당황하기도 하고 기분이 너무 좋았습니다. 이런 체험을 하고 나서 저는 태을주 도공의 위력이 얼마나 강하고 위대한지 알게 되었습니다.

이제는 정말 나 자신이 희망의 빛을 보여 줄 수 있는 신앙을 해야겠다고 다짐을 하면서 제 자신의 근본신앙에 대해서 다시 한 번 돌아볼 수 있는 계기가 되었습니다. 이제는 나의 심법을 바로 잡아가면서 상제님의 대도를 널리 전해서 한 생명이라도 건져내어 후천 선경세계에 함께 갈 수 있도록 상제님, 태모님, 태상종도사님, 종도사님과 조상님께 맹세하고 다짐을 합니다. 보은!

서울강북 도장 김난영 / 여 / 58

평소에 승모근이 뭉쳐서 많은 고통을 당하고 있었고, 한의원에서 수차례 부황으로 피를 뺐습니다. 차도가 없었는데, 대천제 도공 시에 태을주를 외우면서 아픈 어깨를 두드리자 갑자기 숨이 막히면서 토할 것 같은 현상이 일어나면서 팔에 탁기가 빠져나갔는지 시커먼 멍과 함께 진한 표시가 나와 있었습니다. 원래 두드렸던 곳은 어깨, 허리, 배인데, 빠져나간 곳은 팔 쪽이었습니다. 이렇게 도공을 통해서 몸이 좋아졌습니다.

서울강북 도장 박정식 / 남 / 69

발이 삐어서 큰 고통을 당하면서 마침내는 침을 맞다가 그래도 효과가 없어서 병원에서 수술을 했는데도 통증이 가시지 않았습니다. 그날 확실하게 도공을 하고 확실하게 나아서 복귀할 때는 굉장히 가뿐한 발걸음으로 돌아오게 되었습니다.

특히 도공할 때 돌아가신 부모님이 저의 주위를 맴돌며 웃고 계신 것을 느꼈습니다.